收割 Offer
互联网大厂面经

布兜 —— 编著

清华大学出版社
北京

内 容 简 介

本书根据编者工作和面试经验，全面介绍了后端工程师求职面试需要掌握的知识和技能。主要内容分为五个部分：八股文、算法、场景设计题、项目和 HR 面试技巧。八股文章节涵盖了后端面试必备的重要知识点，包括综合知识、数据库、Redis、RocketMQ、操作系统、计算机网络、Spring、ZooKeeper、Dubbo 等。算法章节整理分析了解决问题的核心思想，灵活运用这些思想可以（Algorithm Accepted）面试中高频出现的算法题。场景设计章节列举了在面试过程中反复出现的经典题目，预先思考这些问题在面试环节可以短时间内给出让面试官满意的答案。项目案例章节展示了如何向面试官介绍自己的项目，一般包括项目背景、系统领域划分和自己所在的位置、如何在成熟的业务中发现问题、解决项目的挑战、取得的成果以及未来待改进点。最后，HR 面试技巧章节以与头部大厂 HR 访谈记录的形式向读者展示了 HR 面试内幕。本书的内容安排完全与面试要求匹配，根据历史经验，任何一场后端面试 80%的问题都可以在本书中找到。阅读本书可以快速找到学习方向，树立求职信心，提高面试通过率。

本书适合希望从事互联网后端开发的读者，包括参加校园招聘和社会招聘的求职者。此外，后端开发与测试开发的技能要求有很多共同点，因此，本书对于从事测试工作的读者也有较大参考价值。

本书封面贴有清华大学出版社防伪标签，无标签者不得销售
版权所有，侵权必究。举报：010-62782989，beiqinquan@tup.tsinghua.edu.cn。

图书在版编目（CIP）数据

收割 Offer：互联网大厂面经 / 布兜编著. －北京：清华大学出版社，2023.7（2023.9重印）
ISBN 978-7-302-64258-9

Ⅰ.①收… Ⅱ.①布… Ⅲ.①网络公司－招聘－基本知识 Ⅳ.①F490.6

中国国家版本馆 CIP 数据核字（2023）第 144560 号

责任编辑：王金柱
封面设计：王　翔
责任校对：闫秀华
责任印制：丛怀宇

出版发行：清华大学出版社
　　　　网　　址：http://www.tup.com.cn，http://www.wqbook.com
　　　　地　　址：北京清华大学学研大厦 A 座　　邮　编：100084
　　　　社 总 机：010-83470000　　　　　　　　邮　购：010-62786544
　　　　投稿与读者服务：010-62776969，c-service@tup.tsinghua.edu.cn
　　　　质量反馈：010-62772015，zhiliang@tup.tsinghua.edu.cn
印 装 者：三河市人民印务有限公司
经　　销：全国新华书店
开　　本：180mm×230mm　　　印　张：15.25　　　字　数：366 千字
版　　次：2023 年 8 月第 1 版　　印　次：2023 年 9 月第 2 次印刷
定　　价：89.00 元

产品编号：098770-01

推荐序

初次认识布兜是在工作群里，第一次听他说话就给我留下了深刻的印象。

布兜是支持我们业务的研发工程师，我从业互联网十年时间，管理或对接的技术人员不少于 1000 人，但是像他这样"手伸得这么长"的，真的不多。

为何说他"手伸得长"呢，因为他让我第一次见到技术人员主动给到业务团队完整方案：我布兜是怎么思考的。

虽然那个方案很稚嫩，完全不具备完整的产品链路与逻辑，但是我还是感到很兴奋，因为我很多年没看到过这样的"愣头青"了。于是我告诉团队人员："你们去群里感谢一下布兜，人家给你们提意见了，不管对不对、可不可行，那都是人家的心血。"其实还有一层意思，那就是：这样的人在职场中，我们应该保护他，鼓励他，因为他是那个少数派。

职场中的部分人浑浑噩噩、不知所谓地虚耗着自己的时间，以升职加薪为喜，以裁员冷落为悲。这样的人就像戏剧里的提线木偶一样，被后面那双无形的手牵引着，永远不知道去向何方。我从没见过木偶拿过奥斯卡奖，同样我也没见过这样的职场人可以获得职场快乐与成功。

瑞·达利欧在《原则》一书中写道：不要担心别人对你的看法，使之成为你的障碍，只有极度透明才能带来极度真诚的伙伴。我对此深信不疑。太多人喜欢把"聚光灯"放在自己脑袋上，仿佛这个世界都是围绕他展开：领导批评两句，就怀疑被针对；同事吃饭没叫他，就怀疑被孤立；老板在群里问个问题，就觉得被控制。在这样的"聚光灯"下，很多人感到无所适从，最后产生了鸵鸟心态，把头埋在沙子里——只要别裁我，什么事都与我无关——更别提主动去思考与提出问题了。

布兜这种"好管闲事"的特质奠定了他未来事业的坚实基础。我相信任何一家公司的 CTO（首席技术官）都需要懂业务的技术人员，而不仅仅是把代码写好。

处江湖之远则忧其君，居庙堂之高则忧其民。能够做到团队的事就是我的事的职场人是越来越少了，希望布兜能够继续保持。"不以物喜，不以己悲"则更是上层境界了。

利他主义是走向成功的基石，布兜能够把自己的毕生所学与所得汇聚于这一本书中，其至诚之心让我敬佩，特此作序，隆重推荐，希望大家看完此书，能有所收获。

闫 闻
2022 年 5 月
杭州网易大厦

前　　言

　　笔者在准备面试阿里巴巴、字节跳动、网易、滴滴、华为、中兴、趋势科技等国内知名互联网公司的过程中，系统整理了很多资料，经过多轮面试，抽取互联网大厂面试的共同特点，总结出高频面试题目（八股文、算法、设计题、项目与 HR 面试技巧），由此形成了本书。实践发现，基本上任何一场面试 80%以上的提问均可在本书中找到，按照本书所讲的内容和学习路线准备面试，笔者成功拿到了以上所有公司的录用通知书（Offer）。互联网大厂面试考察的内容复杂零碎，IT 求职者往往需要数月的时间准备相关的内容，本书可以帮助求职者快速掌握面试核心考点，同时熟悉面试流程、面试技巧等，提高面试通过率。笔者将自己的面试经验以文章和视频的形式分享在抖音等自媒体平台上，迅速积累了 8000 粉丝，受到了大众广泛好评和催更。可在抖音搜索"布兜～"关注笔者并进行交流。

　　本书内容涵盖了八股文（数据库、Redis、消息队列、操作系统、计算机网络、Spring、ZooKeeper、Dubbo 以及其他零散的综合知识）、算法题、设计题、项目案例分析、后端系统以及 HR 面试技巧。通过本书的学习，读者能够快速掌握后端系统的经典考题，提高专业技术，提升面试通过率。

　　本书以面试官口吻和一问一答的形式来表现每一个技术话题的核心内容，既追求技术原理的详细分析，覆盖考点，又抓住核心内容来控制文章的篇幅，使读者能够快速阅读，提高应试能力与面试通过率，成为求职者收割 Offer 的利器。

　　除署名作者外，袁润川也参与了本书的编写。本书主要面向所有希望从事互联网后端开发的人员，包括参加校园招聘、社会招聘的求职者。此外，后端开发与测试开发的技能要求有很多是相同的，因此，本书对于从事测试工作的读者也有较大参考价值。

编　者

2023 年 5 月于杭州

目　　录

第 1 章　八股文 ... 1

1.1　综合知识 ... 1

1.1.1　单元化高可用架构演进历程 ... 2

1.1.2　Java 中 5 种重要的队列 ... 6

1.1.3　IO 多路复用 ... 7

1.1.4　ReentrantLock 锁与 Syschronized 锁 ... 10

1.1.5　Java SPI 机制 ... 20

1.1.6　限流算法 ... 22

1.1.7　领域驱动设计 ... 24

1.1.8　HashMap 的底层原理 ... 31

1.1.9　JVM 垃圾回收机制 ... 36

1.1.10　零复制 ... 45

1.1.11　TCC 柔性事务 ... 48

1.1.12　CAP 与 BASE ... 49

1.1.13　Volatile 关键字 ... 50

1.1.14　双亲委派类加载器 ... 51

1.1.15　从微服务到 Service Mesh ... 52

1.1.16　进程、线程与协程 ... 54

1.1.17　强引用、软引用、弱引用、虚引用 ... 55

1.1.18　ThreadLocal ... 56

1.1.19　线程池 ... 57

1.1.20　控制访问某个资源或方法的并发数 ... 60

1.1.21　Happens-Before ... 62

  1.1.22 对 Java 的理解 ·· 62

  1.1.23 缓存穿透、雪崩、击穿 ·· 63

  1.1.24 虚拟机与容器对比 ·· 64

  1.1.25 保障系统高可用的一般方法 ·································· 65

  1.1.26 伪共享 ·· 66

  1.1.27 Caffeine 缓存高性能分析 ······································ 67

  1.1.28 请自我介绍一下 ·· 72

 1.2 数据库 ·· 73

  1.2.1 一次 SQL 查询的执行过程 ···································· 73

  1.2.2 binlog 日志备份的 3 种模式 ·································· 74

  1.2.3 事务的两阶段提交 ·· 75

  1.2.4 二叉搜索树、平衡树、红黑树、B 树、B+树的区别 ······ 77

  1.2.5 MySQL 存储引擎 InnoDB 与 MyISAM 的区别 ·········· 80

  1.2.6 聚集索引与非聚集索引的区别 ······························· 80

  1.2.7 数据库事务的 4 大特性 ·· 81

  1.2.8 事务隔离级别与脏读、不可重复读、幻读 ················ 82

  1.2.9 redo、undo、binlog 数据库日志的作用 ···················· 84

  1.2.10 多版本并发控制 ·· 85

  1.2.11 数据库行锁、表锁、乐观锁与悲观锁 ····················· 87

  1.2.12 当前读与快照读 ·· 89

  1.2.13 幻读是怎么解决的 ··· 89

  1.2.14 SQL 索引优化 ·· 91

  1.2.15 Dao 层缓存先更新缓存还是先更新数据库 ··············· 93

  1.2.16 MySQL 高可用架构 ·· 94

  1.2.17 为什么遇到范围查询会停止索引的最左匹配 ············ 96

  1.2.18 索引下推 ·· 97

  1.2.19 索引覆盖 ·· 98

目 录 VII

  1.2.20 经典 SQL 语句考察：group by、join、having ·· 99
  1.2.21 避免数据库热点更新 ·· 99
  1.2.22 线上环境如何修改表结构 ·· 100
1.3 Redis ··· 102
  1.3.1 Redis 的 5 种基本数据类型及对应底层实现 ··· 102
  1.3.2 Redis 为什么这么快 ·· 106
  1.3.3 Redis 持久化之 RDB 与 AOF ·· 106
  1.3.4 Redis 实现分布式锁的关键点 ·· 108
  1.3.5 Redis 与 Memcache 的区别 ·· 110
  1.3.6 Redis 主从复制原理之 SYNC 与 PSYNC ··· 110
  1.3.7 过期删除策略 ·· 113
  1.3.8 Redis 哈希槽 ··· 113
  1.3.9 Redis Gossip 协议 ··· 114
  1.3.10 重定向 moved 与 ask ··· 115
  1.3.11 Pipeline 有什么好处 ·· 116
1.4 RocketMQ ·· 117
  1.4.1 RocketMQ 的整体架构 ··· 118
  1.4.2 消息队列典型的适用场景 ·· 119
  1.4.3 消费者、消费者组、队列之间的关系 ·· 120
  1.4.4 RocketMQ 消息发送与消费流程 ··· 120
  1.4.5 消息刷盘策略 ·· 122
  1.4.6 底层文件存储设计 ·· 124
  1.4.7 事务消息 ·· 125
  1.4.8 延迟消息 ·· 126
  1.4.9 如何保证消息不丢失 ·· 127
  1.4.10 消息过滤 ·· 128
  1.4.11 顺序消息 ·· 128

- 1.4.12 消费者 offset 管理 ·································· 130
- 1.4.13 Rebalance 的危害 ·································· 130
- 1.4.14 RocketMQ 与 Kafka 的对比 ······················ 131

1.5 操作系统 ·· 132

- 1.5.1 进程与线程的区别 ····································· 132
- 1.5.2 为什么页内存大小是 4KB ························· 133
- 1.5.3 进程间的通信方式 ····································· 133
- 1.5.4 页面置换算法 ·· 134
- 1.5.5 虚拟内存 ··· 136
- 1.5.6 为什么多级页表可以节省内存 ·················· 138
- 1.5.7 死锁及其产生的条件 ································ 139
- 1.5.8 线程状态转换 ·· 140
- 1.5.9 进程调度策略 ·· 141
- 1.5.10 线程同步有哪几种方式 ··························· 142
- 1.5.11 内存颠簸 ··· 142
- 1.5.12 局部性原理 ··· 143

1.6 计算机网络 ··· 143

- 1.6.1 TCP 与 UDP 的区别 ································· 143
- 1.6.2 滑动窗口 ··· 144
- 1.6.3 拥塞控制 ··· 145
- 1.6.4 重传机制 ··· 147
- 1.6.5 流量控制 ··· 149
- 1.6.6 三次握手与四次挥手 ································ 150
- 1.6.7 TCP 四次挥手为什么要等待 2MSL ··········· 152
- 1.6.8 一次完整的 HTTP 请求 ···························· 152
- 1.6.9 HTTPS 加密过程 ······································· 153
- 1.6.10 TCP 粘包与拆包 ······································ 155

1.6.11　Nagle 算法 ··· 156
1.7　Spring ··· 157
　　　1.7.1　Spring Bean 的作用域 ··· 157
　　　1.7.2　Spring Bean 的生命周期 ··· 157
　　　1.7.3　Spring IoC ··· 159
　　　1.7.4　Spring AOP ··· 159
　　　1.7.5　Spring 三级缓存解决 Bean 循环依赖 ·· 160
　　　1.7.6　Spring 事务实现 ··· 161
　　　1.7.7　Spring 事务失效的典型场景 ··· 164
　　　1.7.8　Spring 中 BeanFactory 和 ApplicationContext 的区别 ················· 166
1.8　ZooKeeper ·· 166
　　　1.8.1　ZooKeeper 典型使用场景 ··· 166
　　　1.8.2　ZooKeeper 四种节点类型 ··· 167
　　　1.8.3　ZooKeeper 的顺序一致性 ··· 168
　　　1.8.4　ZooKeeper 集群节点为什么是奇数个 ··· 169
　　　1.8.5　ZooKeeper 集群中的三种角色 ·· 169
　　　1.8.6　ZooKeeper 的选主机制 ··· 170
　　　1.8.7　ZooKeeper 与 Eureka 的区别 ·· 172
　　　1.8.8　ZooKeeper Atomic Broadcast 协议 ··· 172
1.9　Dubbo ··· 174
　　　1.9.1　Dubbo 架构简述 ·· 174
　　　1.9.2　路由机制 ·· 175
　　　1.9.3　负载均衡 ·· 176
　　　1.9.4　集群容错 ·· 177
　　　1.9.5　Dubbo 的序列化 ·· 178
　　　1.9.6　有了 HTTP 请求为什么还需要 RPC 调用 ·································· 178
　　　1.9.7　Dubbo 的 SPI 机制 ·· 179

第 2 章 算法题目 ... 180

2.1 递归 ... 180
2.1.1 算法解释 ... 180
2.1.2 经典题目——爬楼梯 ... 181

2.2 双指针 ... 182
2.2.1 算法解释 ... 182
2.2.2 经典题目——寻找链表的中间节点（快慢指针） ... 182
2.2.3 经典题目——有序数组两数之和（对撞指针） ... 183

2.3 滑动窗口 ... 184
2.3.1 算法解释 ... 184
2.3.2 经典题目——长度为 k 的连续子数组的最大和 ... 184

2.4 二分搜索 ... 185
2.4.1 算法解释 ... 185
2.4.2 经典题目——n 的算术平方根 ... 185

2.5 动态规划 ... 186
2.5.1 算法解释 ... 186
2.5.2 经典题目——最小路径和 ... 186

2.6 回溯 ... 188
2.6.1 算法解释 ... 188
2.6.2 经典题目——n 皇后问题 ... 188

2.7 广度/深度优先搜索 ... 192
2.7.1 算法解释 ... 192
2.7.2 经典题目——深度优先搜索岛屿数量 ... 193
2.7.3 经典题目——广度优先搜索层序遍历 ... 194

第 3 章 设计题 ... 197

3.1 秒杀系统 ... 197
3.1.1 抢购商品允许超卖 ... 197
3.1.2 抢购商品不允许超卖 ... 198
3.1.3 异步消费控制用户并发数避免热点更新 ... 200
3.1.4 用户交互设计角度的兜底考虑 ... 201

3.2 分布式定时任务 ... 201
3.2.1 设计思想 ... 202
3.2.2 定时任务具体功能点的实现 ... 203

3.3 其他高频出现的经典方案设计题目 ... 205

第 4 章 一个项目案例分析：合约广告库存预估 ... 206

4.1 项目背景 ... 207
4.2 系统领域划分与自己所在的位置 ... 207
4.3 发现或者定义一个问题 ... 207
4.4 可量化的正向结果 ... 208
4.5 未来改进点 ... 209

第 5 章 一个完整的后端系统 ... 211

5.1 接入层（Nginx 与网关） ... 212
5.2 业务层 ... 212
5.3 数据层（DB→分布式缓存→本地内存） ... 213

第 6 章 HR 面试技巧——头部大厂 HR 访谈 ... 215

6.1 面试的全流程——不要以为通过技术&HR 面试就能拿 Offer ... 215

6.2 跳槽时找谁内推更容易通过面试 ·· 216
6.3 谈薪技巧 ··· 217
6.4 反问环节——怎么提问能加分 ·· 217
6.5 你的职业规划 ·· 218
6.6 为什么要跳槽 ·· 218
6.7 你的优点和缺点 ··· 218
6.8 过往工作中取得的成果 ··· 219
6.9 过往工作中遇到的困难是怎么解决的 ·· 219
6.10 行业薪酬水平 ·· 219
6.11 没有做出算法题是否一定会被淘汰 ··· 224
6.12 能不能短时间内频繁面试同一家公司 ··· 224
6.13 "毕业季"应选择什么样的公司 ··· 225
6.14 国内互联网面试为什么要刷题 ·· 225
6.15 薪酬报高了会不会被 HR 直接淘汰 ··· 225
6.16 几年一跳算频繁 ·· 226
6.17 你是如何学习技术的 ··· 226
6.18 思维发散题目 ·· 227

参考文献 ·· 229

第 1 章

八 股 文

为了筛选出优秀的候选人，面试官在提出问题时往往会超出日常工作的需要，并且具有挑战性。八股文本是明清科举考试中的一种有严格程式的文体，因为大多数互联网公司面试模式都比较固定，问的问题都差不多，且有格式化的答案，久而久之，互联网技术面试题目被戏称为"八股文"。

本章主要根据笔者的面试经验，讲述面试官必问的核心高频问题，具体包括：数据库、消息队列、操作系统、计算机网络、Redis、Spring、ZooKeeper、Dubbo 以及其他无法归类的综合知识等。

1.1 综合知识

互联网后端技术岗位面试涉及的范围特别广泛，笔者将无法归类的内容作为综合知识，以面试官可能提出的问题为线索，采用一问一答的形式讲述核心高频考点，具体内容包括：单元化高可用架构、IO 多路复用、Syschronized 锁与 ReentrantLock 锁、DDD 领域驱动、SPI 机制、GC 垃圾回收算法、分布式柔性事务、线程池、限流算法、HashMap 底层原理、零复制技术、CAP 理论、双亲委派类加载机制、服务网格 ServiceMesh、保证可见性和有序性的 Volatile 关键字、Threadlocal 内存泄漏、Happens-Before 语义、Caffeine 缓存高性能分析、缓存行填充与伪共享，以及高可用建设方法论等。

作为求职者，以上知识会经常被问到，只有做到了然于心，才能在面试中从容应对。

1.1.1 单元化高可用架构演进历程

面试官提问
- 项目中存在哪些单点问题，怎么解决？
- 请介绍一下同城多机房、异地多活技术方案？
- 为什么需要单元化部署？解决了什么问题？

随着用户规模的不断增长，后端系统会面临各种单点问题，它们在不同发展阶段的表现形式为单体应用→单数据库→单机房→单地部署等；解决单点问题对应的方法是微服务→分库分表→同城多机房→单元化，如图 1-1 所示。

图 1-1 系统发展过程遇到的单点问题与解决方法

1. 单体应用与单机房微服务

单体应用把所有的功能模块耦合在一起，它存在的问题是领域边界模糊，无法根据业务模块的需要进行伸缩扩容。除此之外，还存在需求开发分支冲突、线上问题定位困难、整体打包编译费时等问题，不适用于大型复杂项目。单体应用典型系统架构如图 1-2 所示，用户发起请求至服务器端，应用进程内部处理业务逻辑并访问数据库。由于系统内部处理耗时很小，并且后端服务与数据库部署在同一机房，因此该架构下整个请求链路上的耗时主要发生在用户到机房的物理距离上。

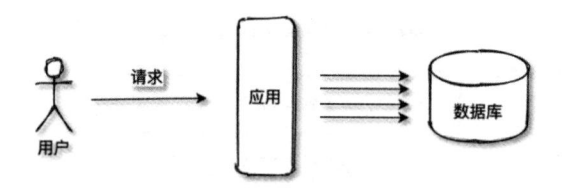

图 1-2　单体应用

微服务化时代，巨大的单体应用被拆分为模块化的服务，每个服务都围绕特定的业务领域构建，微服务之间通过远程过程调用（Remote Procedure Call，RPC）实现通信，这就是单机房微服务，如图 1-3 所示。尽管服务拆分使得原本进程内部的调用变成了网络调用，但是应用都部署在同一个机房，因此 RPC 网络开销可以忽略。

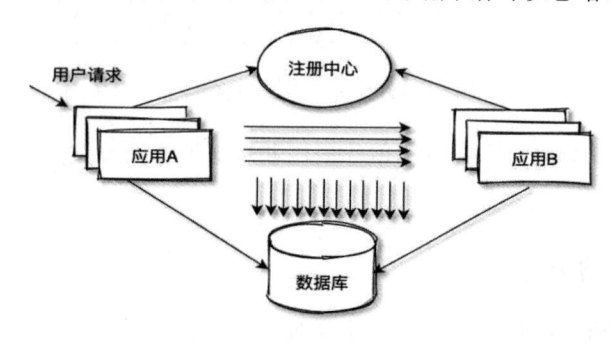

图 1-3　单机房微服务

微服务解决了应用层的瓶颈，但随着业务的发展，数据库又成为制约系统扩容的瓶颈。

2. 单数据库与分库分表

随着业务的发展数据量不断增多，出现了数据存储、读取方面的问题：一方面单机物理服务器的资源（如 CPU、磁盘、内存、IO 等）有限，磁盘读取和网络 IO 出现瓶颈；另一方面单表的数据量太大，查询时扫描的数据很多，造成 SQL 执行效率低下。为了解决上述问题，引入数据库中间件——实现对上层业务透明的分库分表。

分布式数据库的数据分区一般采用 Hash 函数+Map 映射的方式来实现：首先根据数据的分表字段（一般为 userid）计算出该数据的 Hash 桶位置，然后使用事先定义好的映射表将这个 Hash 桶中的数据映射到数据库物理节点。如图 1-4 所示，在逻辑上提前将数据一次性拆到 n 个分表中，底层有 3 个数据库存储数据，逻辑表与数据库存在多对一映射，将来增加新的物理节点不需要 rehash 全量数据。访问数据库时中间件会屏蔽表与库的映射关系，应用层无感知。

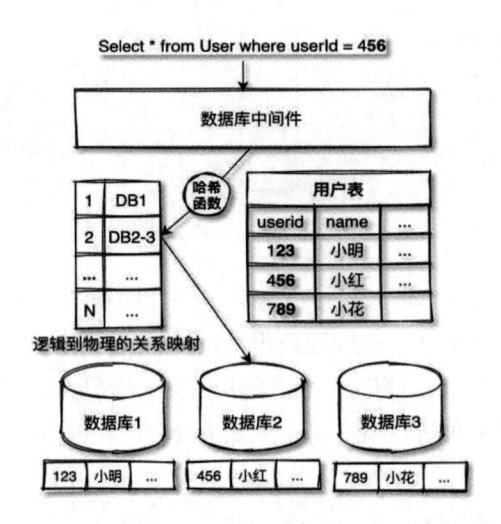

图 1-4　分库分表解决数据库单点瓶颈

微服务和分库分表分别解决了单体应用和单数据库的问题，但物理机房又成为制约系统扩容的因素。

3. 单机房演进为同城多机房

为了解决单机房的容量限制，可在同城新建多个机房，机房之间通过专线连接，将应用服务部署在多个机房，数据库主库和备库部署到不同的机房，依靠不同的服务注册中心将应用层逻辑隔离，实现应用层请求不跨机房处理，如图 1-5 所示。

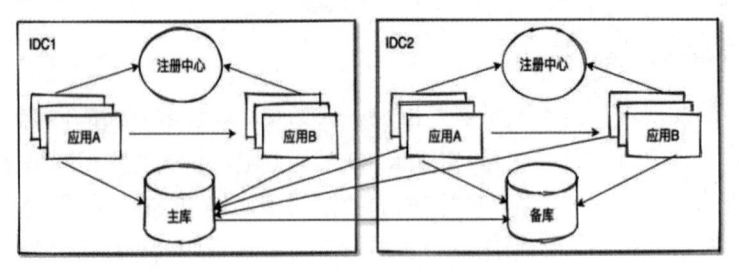

图 1-5　同城多机房应用架构

数据库主库只在其中一个机房内，数据写入时只写主库，主备数据同步，异地机房备库可提供读服务。该方案存在的缺点是访问数据库存在跨机房调用、主备数据同步延迟的问题，但该方案的优点也很多，列举如下：

- 容量不受单机房限制，数据层与应用层均可自由扩容。
- 避免不可测因素导致单机房故障，使得全域产品服务不可用，比如地震、火灾、洪水等灾害使得机房断电或者网线被施工方意外挖断等。
- 用户请求就近接入，优先被物理距离较近的机房处理，减少网络耗时，保障用户体验。

4. 同城多机房演进为单元化部署

因为应用层流量是随机的，任何一个应用节点都可能访问任意一个数据库节点，所以应用层每增加一台服务器实例都需要与数据库建立连接，数据库连接数量存在上限，这又制约了系统的水平扩容，如图1-6所示。

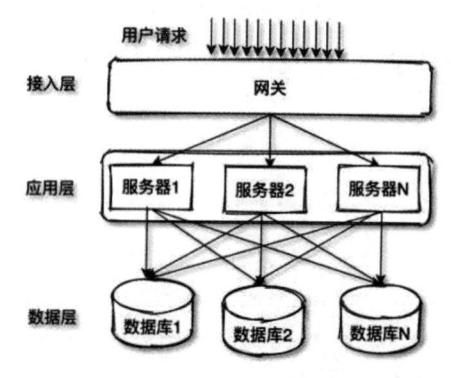

图1-6　每台服务器都需要和数据库建立连接

针对这个问题，提出了单元化的架构，如图1-7所示。该种架构的应用层也像数据层一样分片，但从应用层到数据层组成一个封闭的单元，一次请求处理收敛在一个单元内部，数据库只负责本单元的应用请求，从而大大节省了连接数；而每个单元可以作为一个独立整体进行部署或挪动，甚至还可以将单元部署到异地来实现容灾。

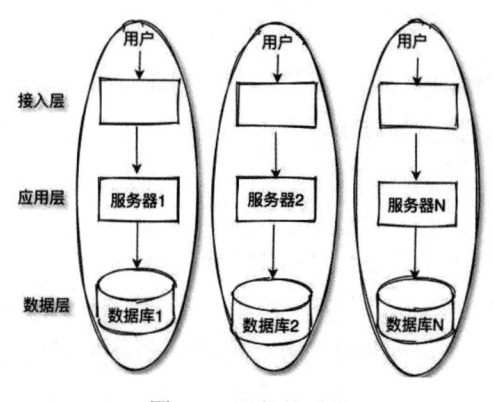

图1-7　服务单元化

单元化设计的原则如下：

- 业务是可分片的，常以用户id或者地区作为分片维度。
- 整个系统要面向逻辑分区进行设计，方便单元挪动。
- 理想状态下单元内部是自封闭的，单元内可以完成业务的所有处理。

缺点是，有时跨单元调用是无法避免的，比如转账场景，用户 A 和 B 分别属于单元 1 和单元 2，数据也存储在不同单元，扣减用户 A 的账户余额需要在单元 1 执行，增加用户 B 的账户余额需要在单元 2 执行，因此跨单元调用增加网络耗时这一问题无法避免。

1.1.2　Java 中 5 种重要的队列

> **面试官提问**
> - 请对几种重要队列进行对比，并说明它们的使用场景和实现方式。
>   （偶尔也会要求求职者写代码实现一个队列。）

Java 有 5 种重要的队列，下面就对这 5 种队列分别进行说明。

1. ArrayBlockingQueue队列

基于数组实现的有界阻塞队列，添加和删除操作使用同一把锁。元素先进先出，常与线程池结合使用。

2. LinkedBlockingQueue队列

基于链表实现的有界阻塞队列，不设置大小时是 Integer.MAX_VALUE，添加和删除操作是两把独立的锁，锁竞争较小。元素先进先出，常与线程池结合使用。

3. SynchronousQueue队列

同步握手队列，内部容量为零，笔者在工作中遇到的使用场景是定时任务的触发与执行。当执行时机到来时，交由线程池执行任务，如果队列很长，那么任务可能因为排队等待而与执行时机不符。队列长度为 0，通过不断地新建线程来处理任务的方式可以保证定时任务的按时执行。

4. 无锁队列

比如 MPSC、Ring Buff 等，常使用缓存行的填充避免伪共享，以及 CAS 操作避免锁竞争来优化性能。

5. PriorityBlockingQueue队列

一个支持优先级排序的无界阻塞队列，线程安全，底层采用堆结构来实现。在具有优先级的业务场景中使用广泛。

1.1.3 IO 多路复用

面试官提问

- 什么是IO多路复用，请展开说明。
- 请说明多路复用的3种实现方式，从复制次数、工作效率、支持文件描述符数、使用的数据结构等方面进行优缺点对比。

IO 多路复用就是通过一种机制来监听多个文件描述符，某个文件描述符一旦就绪，它就能通知应用程序进行相应的处理。多路复用的 3 种实现方式有 select、poll 和 epoll。为了更好地体会 IO 多路复用的优势，下面首先介绍多路复用技术出现之前的阻塞 IO，以及运用线程池对阻塞 IO 进行的技术优化。

1. 阻塞IO

阻塞 IO 的伪代码如图 1-8 所示。

代码中有两个地方会阻塞，分别是 accept 和 read 函数。read 函数又阻塞在两个阶段：从网卡复制数据到内核缓冲区，从内核缓存区复制数据到用户缓存区，如图 1-9 所示。

```
// 创建socket
listenfd = socket();
// 绑定
bind(listenfd);
// 监听
listen(listenfd);
while(1) {
    // 阻塞等待建立连接
    connfd = accept(listenfd);
    // 阻塞读数据
    int n = read(connfd, buf);
    // 将读到的数据做具体的逻辑处理
    doSomeWork(buf);
    // 关闭连接，循环等待处理下一个连接
    close(connfd);
}
```

图 1-8　阻塞 IO 代码片段

如果客户端一直不发送数据,那么服务器端的处理线程就会一直阻塞在 read 函数上。

2. 引入线程池

为了避免上面提到的阻塞问题,在每个请求到来时都新创建一个线程去调用 read 函数并处理业务逻辑,伪代码如图 1-10 所示。

```
while(1) {
    //阻塞建立连接
    connfd = accept(listenfd);
    //创建新的线程
    pthread_create (doWork);
}

void doWork() {
    //阻塞读取数据
    int n = read(connfd, buf);
    //利用读到的处理具体的逻辑
    doSomeWork(buf);
    //关闭连接,循环等待下一个连接
    close(connfd);
}
```

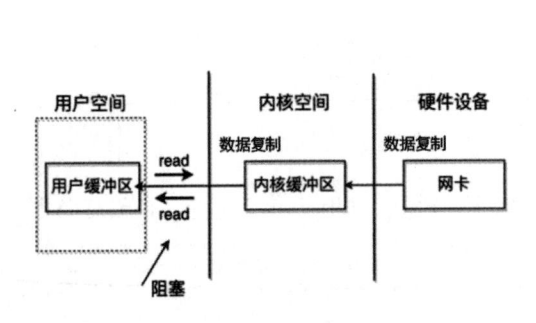

图 1-9　传统 IO 阻塞的两个阶段　　　　图 1-10　引入线程池缓解阻塞问题

但是每个请求都对应新建一个线程,这很容易耗尽系统资源,因此一个自然的想法就是使用线程池来管理线程资源。

3. IO多路复用3种实现方式

上述多线程的技术优化只是用户态的小把戏,系统调用 read 函数依然是阻塞的,操作系统能否提供某个系统调用函数直接返回文件描述符是否就绪的状态呢?答案当然是能提供,下面就来看 IO 多路复用的 3 种实现方式。

1)select 实现方式

select 实现方式如图 1-11 所示,首先服务器端不断接收客户端连接,要监听的文件描述符添加到比特数组(fd_set)中,对应比特位置 1;然后调用系统函数 select 方法;在内核态,操作系统将已就绪文件描述符在 fd_set 中对应比特位置 1,未就绪文件描述符在 fd_set 中对应比特位置 0;在用户态,用户遍历 fd_set 即可判断文件描述符是否就绪。

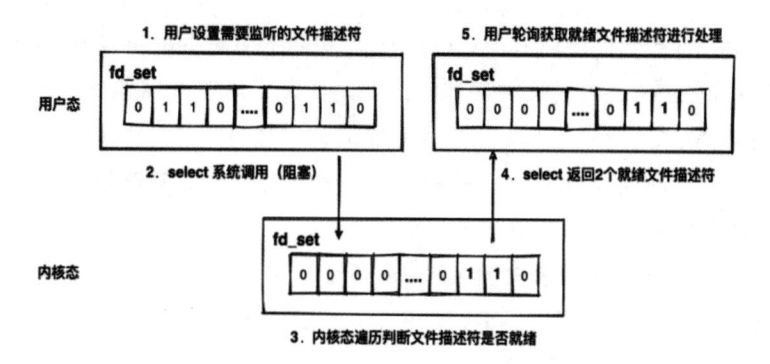

图 1-11　IO 多路复用之 select 实现

select 方式存在的缺如下：

- select系统调用存在文件描述符集合（fd_set）从用户态到内核态的复制开销。
- 用户需要轮询获取已就绪的文件描述符，效率低。
- 在内核中操作系统需要遍历传进来的fd_set，逐一检查文件描述符的就绪状态。
- 对被监控的fd_set，大小默认限制为1024个。

2）poll 实现方式

poll实现方式和select的主要区别在于poll去除最多监听1024个文件描述符的限制。

3）epoll 实现方式

epoll 实现方式如图 1-12 所示。

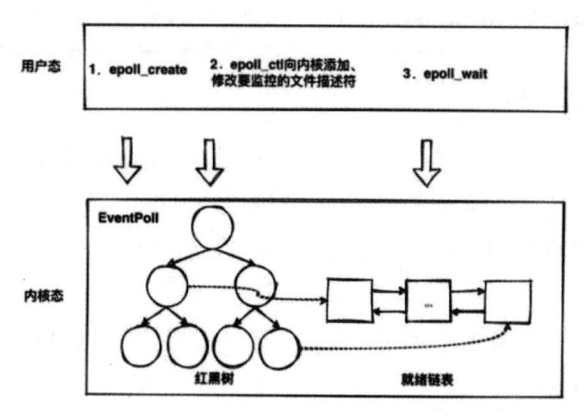

图 1-12　IO 多路复用之 epoll 实现

epoll 提供了 3 个函数：epoll_create、epoll_ctl 和 epoll_wait。

- epoll_create负责创建EventPoll结构体,其中包含两个重要成员:红黑树,用于存储epoll_ctl传进来的文件描述符;双向链表,用于存储已就绪的文件描述符。
- epoll_ctl向红黑树中添加、修改或删除文件描述符节点。添加文件描述符节点时会给内核中断处理程序注册回调函数,当有文件描述符就绪时,通过回调函数将就绪文件描述符的引用加入就绪链表中。
- epoll_wait返回就绪链表中的文件描述符。

综上所述,epoll克服了select IO多路复用存在的缺点。

1.1.4 ReentrantLock锁与Syschronized锁

> **面试官提问**
> - 公平锁与非公平锁的区别是什么?
> - 什么是可重入锁?
> - 什么是死锁,怎样避免死锁?
> - ReentrantLock与Syschronized实现原理是什么?两者有什么区别?
> - 请说明ReentrantLock获取锁与释放锁的流程。
> - 请说明Syschronized锁升级的过程。
> - 锁性能优化方法是什么?
> - 介绍一下AbstractQueuedSynchronizer(AQS)。

1. 公平锁与非公平锁

公平锁是指多个线程竞争锁时直接进入队列排队,根据申请锁的顺序获得锁,先到先得。而非公平锁则是多个线程竞争锁时,首先尝试直接抢锁,失败后再进入等待队列。

使用公平锁,先到先得,线程获取锁时不会出现饥饿现象。使用非公平锁,整体的吞吐效率比较高。

ReentrantLock 默认是非公平锁,在构造方法中传入参数 true 则为公平锁;Synchronized 是非公平锁。

2. 可重入锁

可重入锁是指一个线程可以多次获取同一把锁,其实现原理是,为每个锁关联一个计数器，线程首次获取锁时，计数器置为 1，再次获取该锁时，计数器加 1；线程每退出同步块一次，计数器就减 1。计数器为 0 则代表锁被当前线程释放。

Synchronized 和 ReentrantLock 都是可重入锁。

3. ReentrantLock锁

ReentrantLock 锁的特点是可重入，支持公平锁和非公平锁两种方式。

阅读 ReentrantLock 代码可知，它主要利用 CAS+AQS 队列来实现。以非公平锁为例，当线程竞争锁时首先使用 CAS 抢占锁，成功则返回，失败则进入 AQS 队列并且挂起线程；当锁被释放时，唤醒 AQS 中的某个线程，从被挂起处再次尝试获取锁（当 AQS 队列头节点的下一个节点不为空时，直接唤醒该节点；否则从队尾向前遍历，找到最后一个不为空的节点并唤醒），获取锁失败则再次进入队尾。图 1-13 详细描述了 ReentrantLock 非公平锁的获取与释放流程。

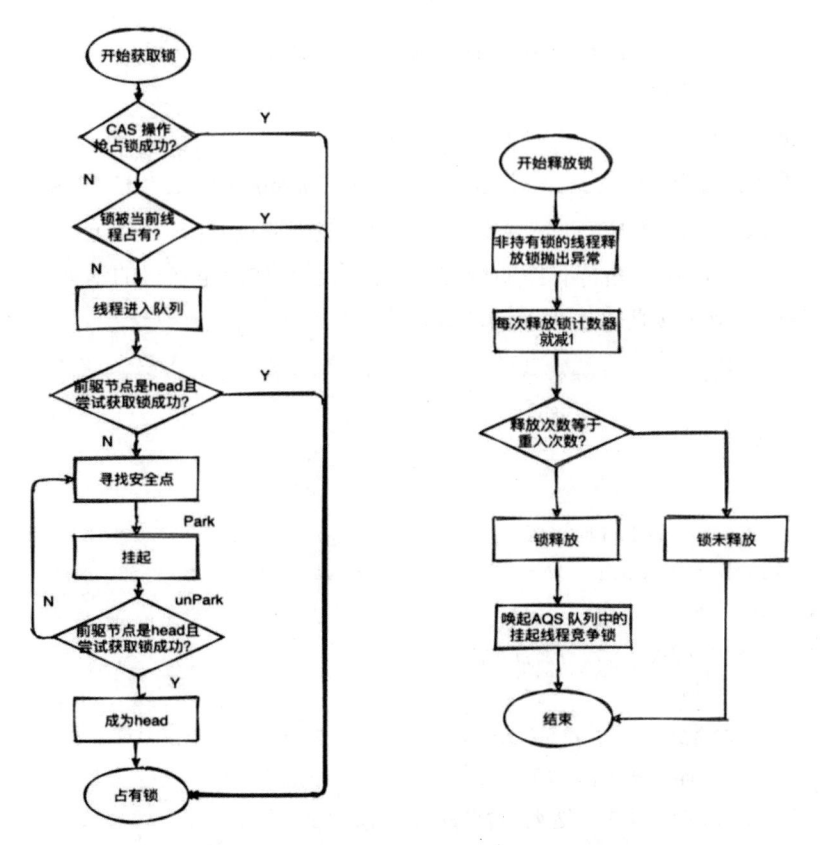

图 1-13 ReentrantLock 非公平锁的获取与释放流程

下面通过源码来分析 ReentrantLock 的实现。非公平锁首先使用 CAS 检测锁是否空闲并抢占锁，当多个线程同时抢占同一把锁时，CAS 操作保证只有一个线程执行成功。

```
final void lock() {
    //state 为 0 则计数器设为 1，表示抢占锁成功
    if (compareAndSetState(0, 1))
        setExclusiveOwnerThread(Thread.currentThread());
    else
        acquire(1);
}
```

假设 3 个线程 T1、T2 和 T3 同时竞争锁，线程 T1 执行 CAS 成功，线程 T2 和 T3 则会进入 acquire 方法：

```
public final void acquire(int arg) {
    if (!tryAcquire(arg) &&
        acquireQueued(addWaiter(Node.EXCLUSIVE), arg))
        selfInterrupt();
}
```

接下来分别阅读 tryAcquire、addWaiter 和 acquireQueued 的实现代码。进入 tryAcquire 方法，若锁空闲（state = 0），则当前线程通过 CAS 直接抢锁，抢锁成功则返回 true；抢锁失败则判断持有锁的线程是否为自己，如果是自己的话就记录重入锁的次数，并返回获取锁成功，否则返回获取锁失败。

```
protected final boolean tryAcquire(int acquires) {
    return nonfairTryAcquire(acquires);
}

final boolean nonfairTryAcquire(int acquires) {
    final Thread current = Thread.currentThread();
    int c = getState();
    //锁处于空闲状态，没有被任何线程持有
    if (c == 0) {
        //忽略 AQS 队列中的等待线程，当前线程直接通过 CAS 抢锁体现了非公平性
        if (compareAndSetState(0, acquires)) {
            //抢锁成功，设置独占线程为当前线程
            setExclusiveOwnerThread(current);
```

```
            return true;
        }
    }
    //检查持有锁的线程是否为当前线程
    else if (current == getExclusiveOwnerThread()) {
        //可重入锁，记录重入次数
        int nextc = c + acquires;
        if (nextc < 0) // overflow
            throw new Error("Maximum lock count exceeded");
        setState(nextc);
        return true;
    }
    //获取锁失败
    return false;
}
```

若 tryAcquie 获取锁失败，则执行 addWaiter 方法，线程加入 AQS 队列尾部，具体代码如下：

```
private Node addWaiter(Node mode) {
    //初始化节点，模式设置为独占
    Node node = new Node(Thread.currentThread(), mode);
    Node pred = tail;
    //tail 不为 null，说明队列已被初始化
    if (pred != null) {
        node.prev = pred;
        //通过 CAS 将 Node 对象加入 AQS 队列，成为尾节点
        if (compareAndSetTail(pred, node)) {
            pred.next = node;
            return node;
        }
    }
    //队列未初始化或者 CAS 操作失败则进入 enq 函数
    enq(node);
    return node;
}
```

T2 和 T3 线程抢锁失败，假设它们同时加入 AQS 队列，由于队列尚未初始化(tail == null)，因此至少有一个线程进入 enq()方法，代码如下：

```
private Node enq(final Node node) {
    //自旋保证节点入队一定成功
    for (;;) {
        Node t = tail;
        //第一个获取锁失败的线程，队列尚未初始化
        if (t == null) {
            //新建一个哑节点，头尾指针均指向它
            if (compareAndSetHead(new Node()))
                tail = head;
        } else {
            //node 的前向指针指向当前尾节点
            node.prev = t;
            //通过 CAS 尝试将当前节点设置为尾节点
            if (compareAndSetTail(t, node)) {
                //将之前尾节点的后向指针指向要插入的节点
                t.next = node;
                return t;
            }
        }
    }
}
```

这段代码通过自旋和 CAS 来实现非阻塞的原子操作，保证线程安全。假设 T2 和 T3 线程同时执行 enq 方法，第一轮循环，CAS 操作确保只有一个线程创建 head 节点；第二轮循环，AQS 队列完成初始化，tail 非空，T2 和 T3 线程都进入 else 逻辑，通过 CAS 操作将当前节点加入队尾。若 T2 线程执行 compareAndSetTail 成功，则 T3 线程需要在下一次循环时入队，最终 AQS 队列如图 1-14 所示。

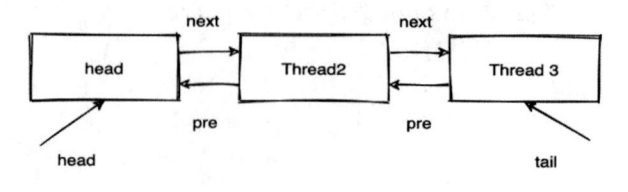

图 1-14　AQS 队列

T2 和 T3 线程进入队列后执行 acquireQueued()方法，AQS 队列头节点的后继节点可以再次尝试获取锁，获取锁失败后被挂起，代码如下：

```
final boolean acquireQueued(final Node node, int arg) {
    boolean failed = true;
    try {
        //标记线程是否被中断过
        boolean interrupted = false;
        for (;;) {
            //获得当前线程节点的前向节点
            final Node p = node.predecessor();
            //如果前向节点为头节点，则当前线程可以尝试获取锁
            if (p == head && tryAcquire(arg)) {
                //成功获取到锁，将自己设置为头节点
                setHead(node);
                //之前的头节点置为null，等待垃圾回收
                p.next = null;
                failed = false;//抢占到锁
                return interrupted;
            }
             //当前节点在Node.SIGNAL节点后挂起
            if (shouldParkAfterFailedAcquire(p, node) &&
                parkAndCheckInterrupt())
                interrupted = true;
        }
    } finally {
        if (failed)
            cancelAcquire(node);
    }
}
```

如果 T1 线程一直持有锁，那么 T2 和 T3 线程最终会进入 shouldParkAfterFailedAcquire 和 parkAndCheckInterrupt 方法，代码如下：

```
private static boolean shouldParkAfterFailedAcquire(Node pred,Node node) {
    //获取节点的状态，枚举值对应的意义见表1-1
    int ws = pred.waitStatus;
    //前向节点的状态为Node.SIGNAL，表示其获取锁后可以唤醒后继节点
    if (ws == Node.SIGNAL)
        return true;
    //前向节点的状态为取消状态，循环向前找到状态小于或等于0的节点
    if (ws > 0) {
```

```
        do {
            node.prev = pred = pred.prev;
        } while (pred.waitStatus > 0);
        pred.next = node;
    } else {
        //节点处于 CONDITION、PROPAGATE，INITIAL 状态，将它修改为Node.SIGNAL
        compareAndSetWaitStatus(pred, ws, Node.SIGNAL);
    }
    return false;
}

private final boolean parkAndCheckInterrupt() {
    //挂起线程
    LockSupport.park(this);
    //返回并清除中断标志
    return Thread.interrupted();
}
```

最终 T2 和 T3 线程在状态为 Node.SIGNAL 的前驱节点后挂起，保证前驱节点获取锁后能唤醒自己。AQS 队列中节点的状态及说明如表 1-1 所示。

表 1-1 AQS 节点的状态及说明

AQS 节点状态	说　　明
SIGNAL	值为-1，当前节点的线程释放锁后会唤起后继节点对应的线程
CONDITION	值为-2，节点对应线程等待在 condition 上，当其他线程调用 signal()方法后，该节点线程就会尝试获取同步状态
PROPAGATE	值为-3，表示下一次共享式同步状态获取将会无条件传播下去
CANCELLED	值为 1，由于超时或中断，该节点被取消。被取消节点的线程永远不会再次阻塞
INITIAL	值为 0，初始状态

锁的释放过程比较简单，代码如下：

```
public void unlock() {
    sync.release(1);
}

public final boolean release(int arg) {
```

```
    if (tryRelease(arg)) {
        //释放锁成功
        Node h = head;
        //唤醒AQS队列中的某个节点（一般是头节点）
        if (h != null && h.waitStatus != 0)
            unparkSuccessor(h);
        return true;
    }
    return false;
}
```

核心方法是 tryRelease 和 unparkSuccessor，先看一下 tryRelease 的执行过程，代码如下：

```
protected final boolean tryRelease(int releases) {
    //重入锁，每重入一次则state加1，每释放锁一次则state减1
    int c = getState() - releases;
        // 若当前线程不是持有锁的线程则抛出异常
    if (Thread.currentThread() != getExclusiveOwnerThread())
        throw new IllegalMonitorStateException();
    boolean free = false;
//state减为0，代表释放锁成功
    if (c == 0) {
        free = true;
        setExclusiveOwnerThread(null);
    }
    setState(c);
    return free;
}
```

释放锁成功后会唤起 AQS 队列中被挂起的线程，代码如下：

```
private void unparkSuccessor(Node node) {
int ws = node.waitStatus;
if (ws < 0)
    compareAndSetWaitStatus(node, ws, 0);


Node s = node.next;
if (s == null || s.waitStatus > 0) {
// 如果节点为null 或者处于取消状态
```

```
    // 那就从后往前遍历寻找距离头节点最近的非取消节点
    s = null;
    for (Node t = tail; t != null && t != node; t = t.prev)
        if (t.waitStatus <= 0)
            s = t;
}
    // 唤醒线程
    if (s != null)
        LockSupport.unpark(s.thread);
}
```

被唤醒的线程也不能保证抢锁成功，失败后依然会放置在队尾，这里也体现了锁的"非公平"性。

4. Syschronized锁

在HotSpot虚拟机中，对象内存布局主要分为对象头（Header）、实例数据（Instance Data）和对齐填充（Padding），如图1-15所示。

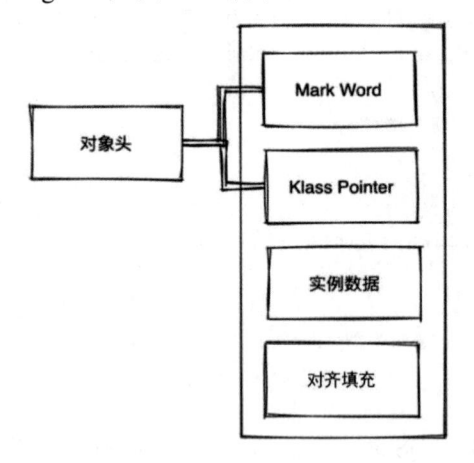

图1-15　虚拟机中对象的内存布局

当线程访问同步块时，首先需要获得锁并把相关信息存储在对象头中，对象头由以下两部分组成：

- Mark Word：存储自身运行时数据，例如HashCode、GC年龄、锁相关信息等内容。Mark Word信息结构如表1-2所示。

表 1-2　Mark Word 信息结构表

锁状态	25bit	31bit	1bit	4bit	1bit	2bit
			cms_free	分代年龄	偏向锁	锁标志位
无锁	Unused	HashCode	Unused	Age	0	01
偏向锁	ThreadId(54bit)+Epoch(2bit)		Unused	Age	1	01
轻量级锁	指向线程栈中的 Lock Record 指针					00
重量级锁	指向 ObjectMonitor 的指针					10

- Klass Pointer：Class对象的类型指针，指向的位置是对象对应的Class对象（对应的元数据对象）的内存地址。

总体上来说，锁升级过程如图 1-16 所示。

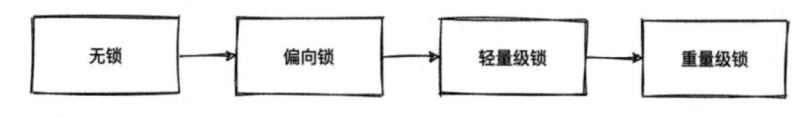

图 1-16　锁升级的过程

1）偏向锁

线程获取偏向锁的流程如下：

- 检查Mark Word中的线程id。
- 若线程id为空，则通过CAS设置为当前线程id：成功则获取锁，失败则撤销偏向锁。
- 若线程id不为空且为当前线程，则获取锁成功，否则撤销偏向锁。

持有偏向锁的线程每次进入这个锁相关的同步块时，只需判断 Mark Word 中记录的线程 id 是否为自己。在没有竞争时，一个线程反复申请获得同一把锁，使用偏向锁效率极高。

2）轻量级锁

多个线程竞争偏向锁导致锁升级为轻量级锁，获取轻量级锁的流程如下：

- 线程在执行同步块之前，JVM会先在当前线程的栈桢中创建用于存储锁记录的空间Lock Record，并将对象头中的Mark Word复制到Lock Record。
- 利用CAS操作将对象头中的Mark Word更新为指向Lock Record的指针，若操作成功则竞争到锁，锁标志位变为00，表示当前为轻量级锁状态。

- CAS 执行失败且自旋一定次数后仍未成功，则说明该锁已被其他线程抢占，这时轻量级锁会膨胀为重量级锁，锁标志位变成为 10。

使用轻量级锁提升性能的前提：多个线程交替执行同步块，锁在整个生命周期内基本不会存在竞争或者出现锁竞争的概率很低，减少了使用重量级锁产生的性能消耗。

轻量级锁与偏向锁的比较：轻量级锁每次申请、释放都至少需要一次 CAS 操作，但偏向锁只有在初始化时需要一次 CAS 操作，后续当前线程可以几乎零成本地直接获得锁（仅需比较线程 id 是否为自己）。

3）自旋锁

如果持有锁的线程能在很短时间内释放锁，那么竞争锁的线程就没有必要阻塞挂起，它们只需要自旋等待持有锁的线程释放锁，然后再尝试获取锁，这样就能减少传统的重量级锁因使用操作系统互斥量而产生的性能开销。因此，在轻量级锁膨胀为重量级锁之前，一般会尝试通过自旋的方式获取锁。假如当前持有锁的线程一直不释放锁，那么自旋就是在无意义地浪费 CPU 时间，当自旋多次始终无法获取锁时，轻量级锁会膨胀为重量级锁。

4）重量级锁

没有竞争到锁的线程会被挂起，只有在持有锁的线程退出同步块之后才会唤醒这些线程。唤醒操作涉及操作系统调度，开销很大。

1.1.5　Java SPI 机制

面试官提问
- 你了解 SPI 机制吗？
- SPI 在哪些场景中使用？

Java SPI 的全称为 Service Provider Interface（服务提供者接口），SPI 机制为某个接口寻找服务的实现。实现步骤是：首先编写接口的实现类，然后在 classpath 的 META-INF/services 目录下创建以接口全限定名命名的文件，并在该文件中写入实现类的全限定名；

最后调用 java.util.ServiceLoader 中的 load()方法，根据上述文件来发现并加载具体的服务实现。

例如，有一个内容搜索接口，假设它的实现可能是基于 ElasticSearch 的搜索，也可能是基于 Lucene 的搜索。实现代码如下：

（1）定义接口：

```java
public interface Search {
    public List<String> searchContent (String keyword);
}
```

（2）ElasticSearch 搜索实现：

```java
public class ElasticSearch implements Search{
    @Override
    public List<String> searchContent (String keyword) {
        System.out.println("ES 搜索 "+keyword);
        return null;
    }
}
```

（3）Lucene 搜索实现：

```java
public class LuceneSearch implements Search{
    @Override
    public List<String> searchContent (String keyword) {
        System.out.println("Lucene 搜索 "+keyword);
        return null;
    }
}
```

（4）在 resources 下新建 META-INF/services/目录，然后新建以接口全限定名命名的文件 com.spi.learn.Search，在文件中写入我们希望用到的实现类：

com.spi.learn.Search.ElasticSearch

（5）测试：

```java
public class TestCase {
    public static void main(String[] args) {
        ServiceLoader<Search> s = ServiceLoader.load(Search.class);
        Iterator<Search> iterator = s.iterator();
```

```
        while (iterator.hasNext()) {
            Search search = iterator.next();
            search.searchDoc("hello world");
        }
    }
}
```

输出结果：

ES 搜索 hello world

1.1.6 限流算法

面试官提问

- 你知道哪些限流算法？请比较其优缺点？
- 怎样解决临界问题？
- 如果业务场景存在突发流量，应该使用那种限流算法？

常用的限流算法有 3 种：计数器、漏桶算法和令牌桶。

1. 计数器

使用计数器实现限流，可限制在指定时间间隔内请求数小于阈值的情况，但存在临界问题。如图 1-17 所示，假设每分钟系统限流 500 个请求，在 XX:00:59 时刻系统接收到 500 个请求，在 XX:01:00 时刻系统又接收到 500 个请求，那么系统在 1 秒内就处理了 1000 个请求，超出了 1 分钟限流 500 个请求的要求。

为此引入滑动窗口解决该问题，如图 1-18 所示，加粗黑色竖线为滑动窗口左右边界，窗口大小为 1 分钟，窗口被划分成 6 个格子，每个格子代表 10 秒钟，每过 10 秒钟，时间窗口往右滑动一格。每个格子都有独立的计数器，比如一个请求在 XX:00:06 时刻到达，那么 XX:00:00~XX:00:09 对应的计数器就会加 1。

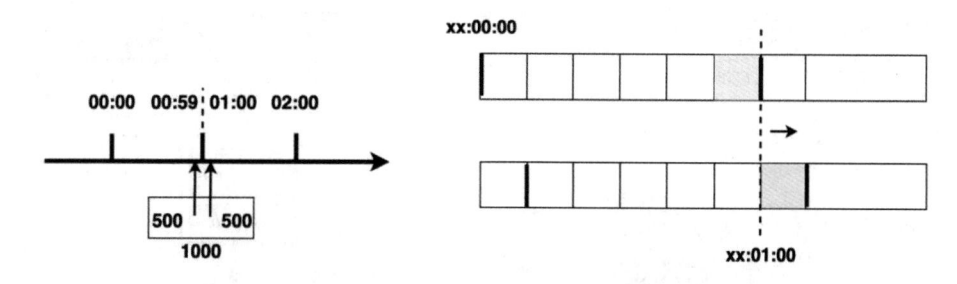

图 1-17　计数器限流存在临界问题　　图 1-18　滑动窗口解决临界问题

结合图 1-17 和图 1-18，XX:00:59 时刻到达的 500 个请求会落在第 6 个灰色格子里，而 XX:01:00 到达的 500 个请求会落在第 7 个格子中，但当时间到达 XX:01:00 时，窗口会往右滑动一格，此时时间窗口内的总请求数为 1000 个，可以触发系统 500 个请求的限流。因此，滑动窗口能够解决计数器临界问题，窗口中的格子时间粒度越细，限流的统计就会越准确。

2. 漏桶算法

漏桶算法如图 1-19 所示，把请求当作水流，桶为系统容量，水来了先存入桶里，并以最大恒定速率放水，桶满水溢出则代表拒绝服务。

当桶中没有积水时：

- 若进水速度小于或等于出水速度，则出水速率等于进水速率。
- 若进水速度大于出水速度，则多余的水积压在桶中。

当桶中有水时：

- 若漏桶未满，则进水会积压在漏桶中。
- 若漏桶已满，则进水溢出桶外。

3. 令牌桶算法

令牌桶算法如图 1-20 所示。令牌桶算法的思想是以恒定速率生产令牌并放入令牌桶中，用户每次请求都得申请令牌，如果令牌不足，则拒绝请求；当令牌桶已满时，若再向桶中投放令牌，则多余的令牌会被丢弃。

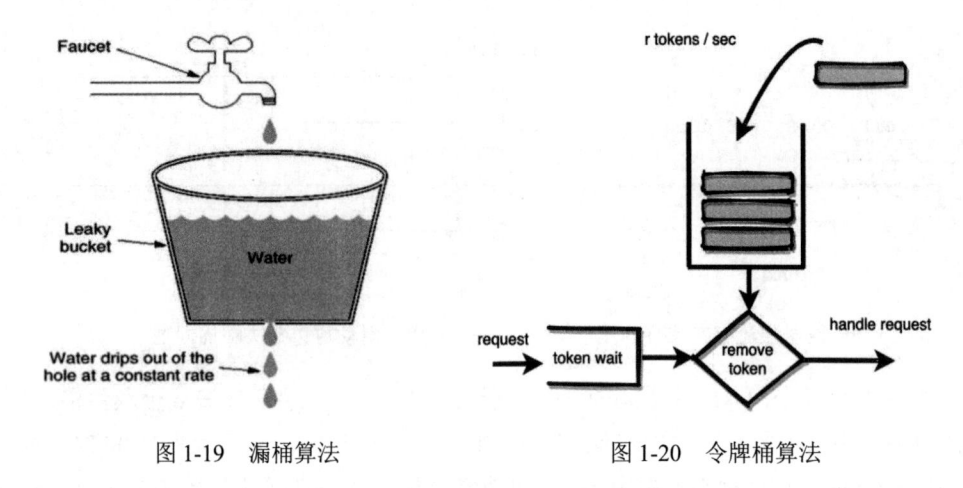

图 1-19　漏桶算法　　　　　　图 1-20　令牌桶算法

该算法的特点是以恒定速率生产令牌，可以接收突发流量。

1.1.7　领域驱动设计

> **面试官提问**
> - 什么是贫血模型？
> - 谈谈你对领域驱动设计的理解。传统设计方法存在哪些问题？领域驱动设计解决了什么问题？
> - 领域驱动设计在你项目开发中的实践是怎样的？

1. 领域模型、数据模型

领域模型关注领域知识，将数据和行为封装在一起，是业务领域中的核心实体，建模时要考虑业务语义的表征能力。

数据模型关注数据存储，建模时要考虑存储方案、扩展性、性能等非功能性因素。

贫血领域对象是指仅用于数据载体，没有行为和动作的领域对象。

2. 架构分层

相对于传统的三层架构，领域驱动设计（Domain Driven Design，称为 DDD）把软件系统架构分成四层，如图 1-21 所示。

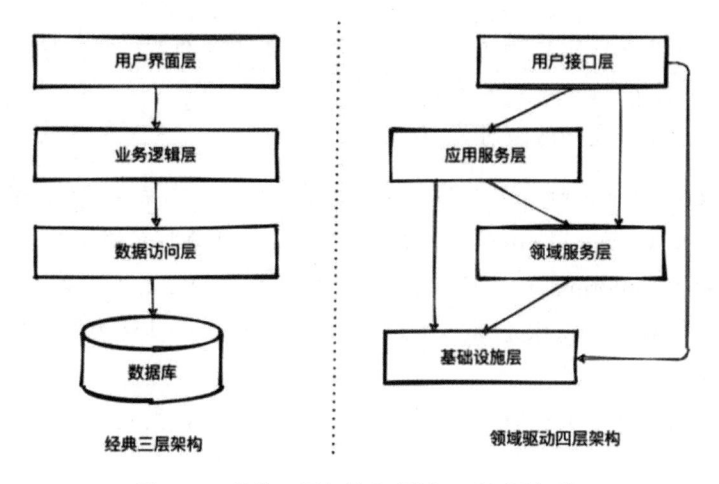

图 1-21　传统三层架构与领域驱动四层架构

经典三层架构表示将系统划分为用户界面层、业务逻辑层和数据访问层三层，各层之间通过接口访问，对象模型的实体作为数据载体，一般与数据库表相对应。领域驱动设计将传统三层架构中的业务逻辑层拆分为应用服务层和领域服务层，每层的主要职责如下：

- 用户接口层：界面展示。
- 应用服务层：应用服务层很薄，不处理核心业务逻辑，通常做一些参数验证、错误处理、日志监控以及权限认证等工作。
- 领域服务层：关注领域逻辑。
- 基础设施层：提供基础设施能力，比如数据存储、事件总线以及缓存等。

3. 领域驱动设计的基本概念

（1）实体：通过标识而不是属性区分的对象称为实体，例如居民系统中的人就是实体，他具有唯一标识（身份证 id）。

（2）值对象：通过属性值来识别，对事物进行描述但没有唯一标识，这种对象称为值对象，例如颜色、地址信息等。

（3）聚合和聚合根：聚合是由业务和逻辑紧密关联的实体和值对象组成的。每个聚合都有一个根，聚合之间通过聚合根关联引用，访问外部聚合的实体时只能先访问聚合根，再导航到聚合内部实体，外部对象不能直接访问聚合内部实体。

（4）领域事件：领域内的业务行为发生后通常会触发下一步的业务操作，这类行为事件称为领域事件。比如下单后触发支付，支付后触发仓储出货，出货后触发快递运输。

（5）限界上下文：限定领域边界，一般一个上下文对应一个子域。领域模型在这个边界内语义无二义性。

（6）限界上下文之间的映射关系：

- 合作关系（Partnership）：两个上下文紧密合作，一荣俱荣，一损俱损。
- 共享内核（Shared Kernel）：两个上下文依赖部分共享的模型。
- 遵循者（Conformist）：下游上下文只能盲目依赖上游上下文。
- 防腐层（Anticorruption Layer）：一个上下文通过一些适配和转换与另一个上下文交互。
- 开放主机服务（Open Host Service）：定义一种协议来让其他上下文对本上下文进行访问。
- 发布语言（Published Language）：通常与OHS（Open Host Service，开放主机服务）一起使用，用于定义开放主机的协议。
- 大泥球（Big Ball of Mud）：混杂在一起的上下文关系，边界不清晰。
- 另谋他路（SeparateWay）：两个完全没有联系的上下文。

4. 领域驱动实践

领域驱动设计开发的一般步骤如下：

步骤01 根据需求划分领域、限界上下文，以及上下文之间的关系。
步骤02 分析识别出上下文内的实体、值对象。
步骤03 对实体、值对象进行关联和聚合，识别出聚合的范畴和聚合根。
步骤04 为聚合根、实体等设计仓储。
步骤05 建立领域模型，并在实践中检验模型的合理性。

以笔者在网易云音乐开发的抽奖系统为例，C端（客户端）页面如图1-22所示，具体需求详情如下：

- 抽奖有限制条件：购买一张数字专辑获得n次抽奖机会，活动有开始和过期时间等。
- 一个抽奖活动包含多个奖品，奖品类型有云音乐会员、音乐周边、游戏礼包码等。
- 奖品配置信息有封面、文案、库存、被抽中的概率、每个用户抽中的次数限制等。
- 活动需要进行风控管理，限制非法用户盗刷奖品。

图 1-22 购买数字专辑抽奖

知道了具体需求，下面开始进行领域驱动设计开发。

1）梳理需求，提取关键性信息，形成领域限界上下文及上下文之间的关系

抽奖系统可划分为 C 端抽奖和 B 端（商家界面）运营后台两个子域，如图 1-23 所示。B 端运营后台用于配置奖品，逻辑相对简单。抽奖核心逻辑在于 C 端模块，其领域划分如图 1-24 所示，主要包括：抽奖核心域、活动准入支撑子域、库存管理支撑域、风控支撑域以及计数通用域等。

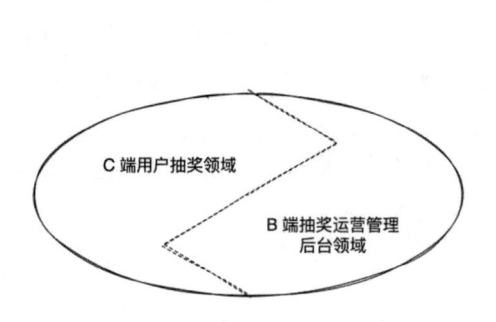

图 1-23 抽奖系统 B 端与 C 端子域

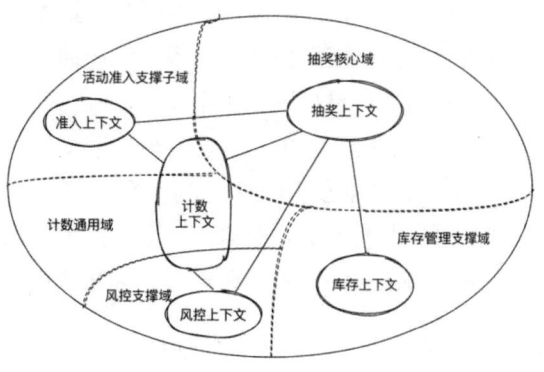

图 1-24 抽奖系统 C 端领域划分

每个子域负责的领域职责如下：

（1）抽奖上下文限定的子域属于用户抽奖的核心业务。

（2）用户参与抽奖和获取抽奖机会需要满足一定条件，因此划分出活动准入上下文。

（3）库存管理与奖品履约属于通用模块，需要根据不同的业务场景，考虑数据的强一致性与高可用，因此定义一个独立的库存上下文。

（4）为了解决黑产盗刷奖品问题，引入反作弊能力，这里定义一个风控上下文。

（5）活动准入（每购买一张专辑获取 n 次抽奖机会）、风控（监控用户发起抽奖频率）、抽奖（每个用户抽中奖品的次数上限）等领域都依赖一些频次统计，因此定义一个计数上下文。

根据上面的分析划分出抽奖、活动准入、风控、计数和库存 5 个上下文，每个上下文在系统中都是高内聚的，上下文之间的映射关系如图 1-25 所示。

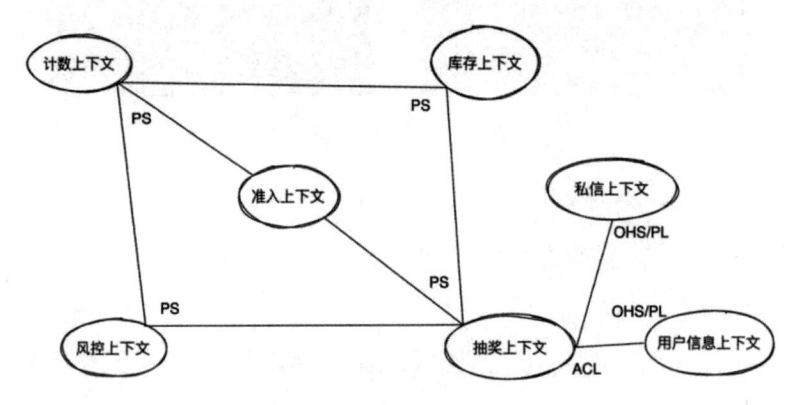

图 1-25　C 端抽奖上下文的映射关系

抽奖、风控、活动准入、库存和计数五个上下文同处于抽奖领域，它们之间是"一荣俱荣，一损俱损"的合作关系。用户抽中礼包码奖品时，抽奖上下文依赖用户信息上下文获取用户信息（头像、昵称）和私信上下文发放兑换码。抽奖上下文通过防腐层（Anti Corruption Layer，ACL）对这两个上下文进行了隔离，私信与用户上下文通过开放主机服务（Open Host Service）作为发布语言（Published Language）对抽奖上下文提供访问机制。划分出上下文并理清上下文之间的关系，在需求开发时便于任务拆解，每个独立的上下文遴选出一个技术所有者，职责清晰，沟通高效。

2）分析识别出上下文内的实体、值对象

系统的核心上下文是抽奖上下文，以它为例，分析识别出上下文内的实体和值对象，如图 1-26 所示。

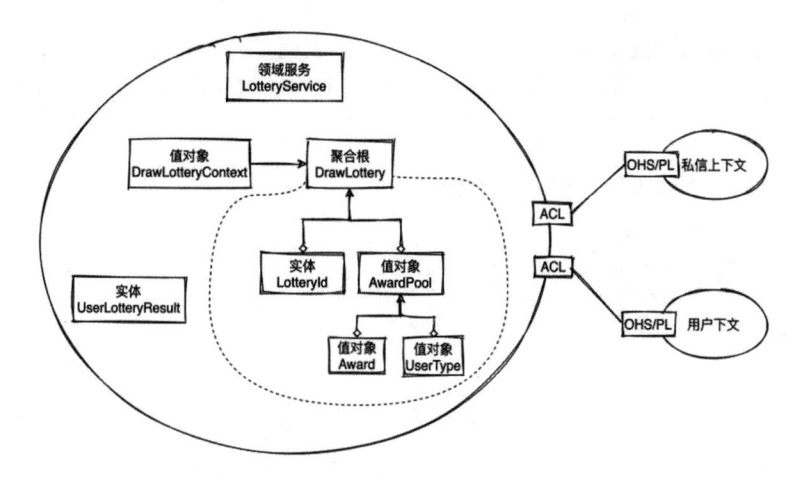

图 1-26 抽奖上下文中的实体、值对象

3）对实体、值对象进行关联和聚合，划分出聚合的范畴和聚合根

如图 1-26 所示，通过抽奖（DrawLottery）这个聚合根来控制抽奖行为，一个抽奖玩法包含抽奖 id（LotteryId）和奖池（AwardPool），一个奖池包含多个奖品（Award）。此外抽奖结果（UserLotteryResult）用于发放奖品。

4）为聚合内部的聚合根、实体等设计仓储

对于数据存储表设计细节，这里不展开讲解。

5）建立领域模型

领域驱动设计要解决的一个重要问题就是对象贫血，抽奖聚合根（DrawLottery）持有抽奖活动的 id 和该活动下的所有可用奖池（AwardPool）值对象。抽奖系统的核心领域功能抽奖聚合根（DrawLottery）根据抽奖上下文（DrawLotteryContext）携带的场景信息（比如用户是否为会员，是否为新激活用户等）匹配一个 AwardPool，实现代码如下：

```
@Data
public class DrawLottery {
    //抽奖id
    private int lotteryId;
    //奖池列表
    private List<AwardPool> awardPools;

    //根据抽奖上下文匹配奖池
    private AwardPool matchAwardPool(List<AwardPool> awardPools,
                        DrawLotteryContext context) {
```

```
        for(AwardPool awardPool: awardPools) {
           if(awardPool.matchedUserType(context.getUserType())) {
              return awardPool;
           }
           //后续可以增加其他匹配逻辑
        }
        //返回 null, 也可以设置默认奖池
        return null;
     }
  }
```

选中奖池后，用户中奖概率、抽中奖品次数上限等这部分领域功能在 AwardPool 内实现，代码如下：

```
public class AwardPool {

//奖池中包含的奖品
   private List<Awrad> awards;

   //中奖概率、频次控制等
   public Award drawAward() {
      //生成随机数在奖池中选奖以及频控等具体逻辑不在此展开
      return null;
   }
}
```

与只有 get、set 方法的贫血对象不同，领域对象有了行为后更加丰满，领域功能的内聚性更强，职责更加明确。将领域行为封装到领域对象中，将资源管理行为封装到资源库中，将与外部上下文的交互行为封装到防腐层中，领域服务本身所承载的职责也就更加清晰，示例代码如下：

```
public class LotteryServiceImpl implements LotteryService {
     @Autowired
     private DrawLotteryRepository drawLotteryRepo;
     @Autowired
     private UserPortraitInfoFacade userPortraitInfoFacade;
     @Autowired
     private SendAwardService sendAwardService;
     @Autowired
     private CounterFacade counterFacade;
```

```
    @Override
    public boolean drawLottery(LotteryContext lotteryContext) {
        //获取抽奖配置聚合根
        DrawLottery                        drawLottery                        =
drawLotteryRepo.getDrawLotteryById(lotteryContext.getLotteryId());
        //计数
        counterFacade.incrCount(lotteryContext);
        //匹配奖池
        AwardPool                         awardPool                          =
drawLottery.matchAwardPool(bulidDrawLotteryContext(drawLottery,
lotteryContext));
        //从奖池中选奖品
        Award award = awardPool.drawAward ();
        //发放奖品
        return awardSendService.sendAward(award);
    }
}
```

说明：此处参考了美团的文彬、子维的文章，详情见参考文献[9]。

1.1.8 HashMap 的底层原理

- HashMap读写流程是怎样的？
- 谈谈解决Hash冲突的几种方式，HashMap是怎么解决Hash冲突的？
- 为什么要引入红黑树？
- 链表转红黑树的阈值为什么是8，了解泊松分布吗？
- 什么是扩容机制？扩容时机是什么？
- 为什么HashMap遵循两倍扩容，为什么容量总为2的n次幂？
- HashMap线程安全吗？

1. HashMap的get与put方法的执行过程

HashMap 用于存放键值对，用于非线程安全，其数据结构由数组、链表和红黑树构成。链表主要是为了解决哈希碰撞问题，而红黑树则是避免为链表长度过长而导致查询效率低的问题。HashMap 数据结构如图 1-27 所示。

1）get 方法的执行流程

（1）计算 key 的 hash 值，通过 hash&(length-1) 的方式计算 key 对应的数组下标。

（2）若首节点为 null，则返回 null。

（3）若首节点 key 与目标值相同，则直接返回 key 对应的 value。

（4）若首节点 key 与目标值不同，且首节点的下一个节点为 null，则返回 null；否则判断首节点类型，首节点类型如果是链表，则遍历查找 O(n)，如果是红黑树，则效率查找 O(log$n$)。

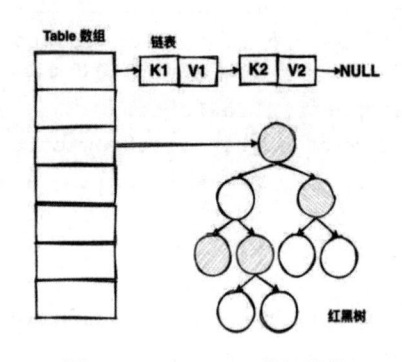

图 1-27　HashMap 数据结构

2）put 方法的执行流程

（1）如果数组为空就进行第一次扩容。

（2）计算 key 的 hash 值，通过 hash & (length -1)的方式计算 key 对应的数组下标。

（3）如果数组下标处首节点为 null，则直接插入。

（4）若首节点 key 与目标值相同，则直接覆盖，否则：

- 若首节点为红黑树节点类型，则在红黑树中插入键值对。
- 若首节点为链表节点类型，则遍历链表执行插入操作。如果链表的长度大于或等于8，那么需要将链表转化为红黑树。

（5）插入成功后，若键值对数量大于阈值则触发扩容。

2. key的hash值的计算过程

hash 值的计算过程：(key == null) ? 0 : (h = key.hashCode()) ^ (h >>> 16)。

解释如下：

（1）计算 hash 值，int h = key.hashCode()。

（2）哈希值无符号右移 16 位与原哈希值做异或 h ^(h >>> 16)处理。

把高位与低位进行混合运算，提高低位的随机性，降低碰撞概率。

3. HashMap是如何解决Hash冲突的

HashMap 底层使用数组来存储数据，当添加键值对时，首先计算 key 的哈希值，然后通过 hash & (length -1)的方式确定 key 在数组中的下标。但多个 key 经过 hash & (length-1)计算后位置可能相同，也就是存在哈希冲突问题。HashMap 使用拉链法来解决哈希冲突问题，即所有存在冲突的 key 组成一个单向链表，当链表长度大于 8 时转化为红黑树，以提高查询效率。

4. 为什么链表转换为红黑树的阈值是8，而红黑树转换为链表的阈值却是6

一方面红黑树的查找效率为 O(log$n$)，优于链表的 O(n)，另一方面红黑树占用的内存空间大于链表，同时当键值对数量较少时链表的遍历查询与红黑树的搜索效率差异不大。综合空间和时间的考量，哈希冲突元素的个数达到某个阈值时红黑树和链表数据结构才会互相转化。HashMap 的源码如下：

```
Ideally, under random hashCodes, the frequency of
* nodes in bins follows a Poisson distribution
* (http://en.wikipedia.org/wiki/Poisson_distribution) with a
* parameter of about 0.5 on average for the default resizing
* threshold of 0.75, although with a large variance because of
* resizing granularity. Ignoring variance, the expected
* occurrences of list size k are (exp(-0.5) * pow(0.5, k) /
* factorial(k)). The first values are:
*
* 0:    0.60653066
* 1:    0.30326533
* 2:    0.07581633
* 3:    0.01263606
* 4:    0.00157952
* 5:    0.00015795
* 6:    0.00001316
* 7:    0.00000094
* 8:    0.00000006
* more: less than 1 in ten million
```

理想情况下，使用随机哈希码，在扩容阈值为 0.75 的情况下，桶中节点的数量遵循参数为 0.5 的泊松分布，即：

$$P(x=k) = \frac{e^{-0.5} \times 0.5^k}{k!}, \quad k = 0,1,2,3,\dots$$

由此可知，链表长度为8的概率为0.00000006，此时树化。一方面遍历长度小于8的链表的时间效率尚可接受；另一方面每个桶的树化概率很小，节约了内存空间。红黑树退化为链表的阈值为6，中间留有空间，可以防止链表和红黑树之间频繁转换。

泊松分布（poisson distribution）是一种离散型概率分布，通常用于描述一个固定时间内事件发生次数的概率分布，如在一个小时内某个网站的访问次数、一天内某个交通路口的车辆通过次数等。

5. JDK8为什么使用红黑树

JDK7 使用数组+链表来存储键值对，当数据量较多或哈希算法散列不均匀时，会导致链表长度很长，遍历查询的时间复杂为 $O(n)$，如果将链表转换为红黑树，那么读写时间复杂度可降低为 $O(\log n)$。

6. HashMap扩容机制

首先解释几个与扩容有关的参数：

- capacity 容量，即数组长度，默认为16。
- loadFactor 加载因子，默认为0.75。
- threshold 阈值。阈值 = 容量 × 加载因子，默认为12。

一般情况下，当 HashMap 中包含的键值对数量大于 threshold 时会触发扩容，容量扩大为原来的两倍。

JDK1.7 版本，HashMap 底层数据结构为数组和链表，扩容时新建数组，遍历旧数组的每个桶和桶中的每个键值对，将其 rehash 到扩容后的新数组，然后插入链表。

JDK1.8 版本，底层数据结构为数组、链表和红黑树，当 HashMap 中键值对数量大于阈值、HashMap 数组长度为0或升级成红黑树时，数组长度小于6都会触发扩容。扩容流程如下：

- 若数组索引位置对应的数据结构是链表，则生成low和high两条链表，low链表插入新数组中的下标为[当前数组下标], high链表插入新数组中的下标为[当前数组下标+旧数组长度]。
- 若数组索引位置对应的数据结构是红黑树，则生成low和high两棵红黑树，若树中元素个数小于或等于6则会退化成链表。low红黑树插入新数组中的下标为[当前数组下标], high红黑树插入新数组中的下标为[当前数组下标+旧数组长度]。

同一个桶中的键值对属于 low 还是 high，详细说明见"为什么 HashMap 是二倍扩容，容量总为 2 的 n 次幂"。

7. 为什么HashMap是两倍扩容，容量总为2的n次幂

原因如下：

（1）在数组长度为 2 的幂次方时 hash % length 才等价于 hash & (length-1)，定位 key 所在的哈希桶时位运算比求余更高效。

（2）避免破坏 hash 函数的散列均匀性。如果容量是 2 的 n 次幂，那么容量减 1 对应的二进制形式为***1111，key 的 hash 值与它进行与运算时，结果完全取决于与 key 的哈希值进行的与运算。

举个例子，HashMap 的容量是 16，容量减 1 的二进制是 1111，与不同 key 的 hash 值的与运算的结果如图 1-28 所示。

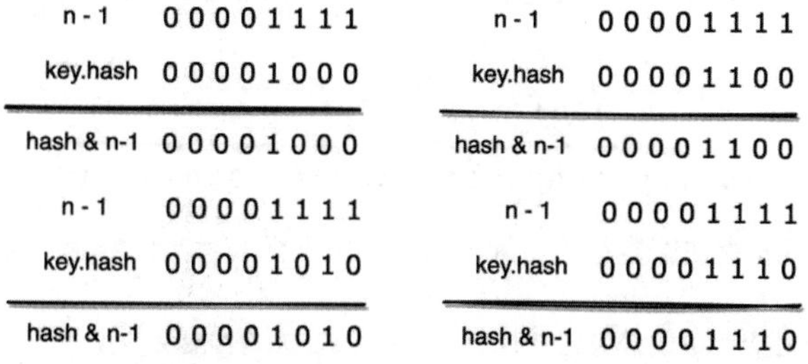

```
       n - 1       0 0 0 0 1 1 1 1          n - 1       0 0 0 0 1 1 1 1
    key.hash       0 0 0 0 1 0 0 0       key.hash       0 0 0 0 1 1 0 0
    ─────────────────────────────       ─────────────────────────────
   hash & n-1      0 0 0 0 1 0 0 0      hash & n-1      0 0 0 0 1 1 0 0

       n - 1       0 0 0 0 1 1 1 1          n - 1       0 0 0 0 1 1 1 1
    key.hash       0 0 0 0 1 0 1 0       key.hash       0 0 0 0 1 1 1 0
    ─────────────────────────────       ─────────────────────────────
   hash & n-1      0 0 0 0 1 0 1 0      hash & n-1      0 0 0 0 1 1 1 0
```

图 1-28　HashMap 的容量是 16 时与不同的 hash 值进行与运算的结果

假如容量为 10（非 2 的 n 次幂），容量减 1 的二进制是 1001，与不同 key 的 hash 值进行与运算的结果如图 1-29 所示。

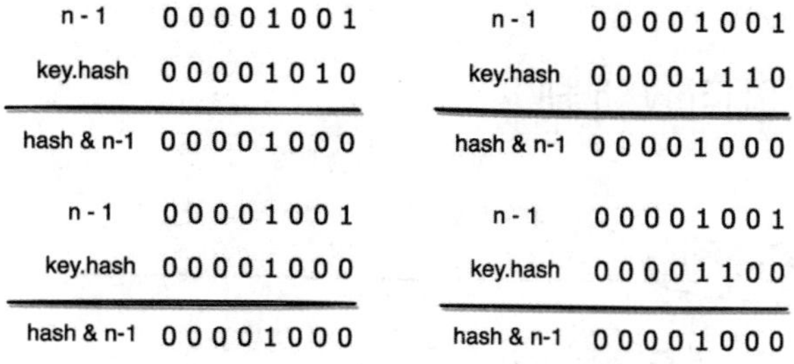

```
       n - 1       0 0 0 0 1 0 0 1          n - 1       0 0 0 0 1 0 0 1
    key.hash       0 0 0 0 1 0 1 0       key.hash       0 0 0 0 1 1 1 0
    ─────────────────────────────       ─────────────────────────────
   hash & n-1      0 0 0 0 1 0 0 0      hash & n-1      0 0 0 0 1 0 0 0

       n - 1       0 0 0 0 1 0 0 1          n - 1       0 0 0 0 1 0 0 1
    key.hash       0 0 0 0 1 0 0 0       key.hash       0 0 0 0 1 1 0 0
    ─────────────────────────────       ─────────────────────────────
   hash & n-1      0 0 0 0 1 0 0 0      hash & n-1      0 0 0 0 1 0 0 0
```

图 1-29　HashMap 的容量是 10 时与不同的 hash 值进行与运算的结果

可以看出，当容量不是 2 的 n 次幂时，4 个不同的哈希值的与运算得到的结果相同，发生了严重的哈希碰撞，这是因为容量减 1 对应的二进制低位存在 0 比特位。

（3）HashMap 遵循两倍扩容，扩容后元素在新数组的下标为当前数组下标或者当前数组下标加旧数组长度，JDK1.8 版本根据这个规律实现快速 rehash。

举例说明，扩容前数组的容量为 16，元素 a 和 b 在扩容前处于同一索引位置，如图 1-30 所示。

```
    a.hash       00000101        b.hash       00010101
    n-1          00001111        n-1          00001111
    ─────────────────────        ─────────────────────
    a.hash & n-1 00000101        b.hash & n-1 00000101
```

图 1-30　HashMap 的容量是 16 时元素 a、b 在同一个桶内

扩容后的数组长度为 32，新数组长度减 1 对应的二进制只比旧数组长度（oldCap）减 1 高位多了一个 1（00011111 和 00001111），如图 1-31 所示。

```
    a.hash       00000101        b.hash       00010101
    n-1          00011111        n-1          00011111
    ─────────────────────        ─────────────────────
    a.hash & n-1 00000101        b.hash & n-1 00010101
```

图 1-31　扩容后元素在新数组的下标为当前数组下标或者当前数组下标加旧数组长度

扩容前后，key 的哈希值对数组长度求余，对比结果发现，同一个桶中的元素 a 和 b 在扩容后的新位置取决于新数组长度减 1 对应的二进制的最高位，即 00010000，其十进制正巧为旧数组长度。总结一下，若(e.hash & oldCap) == 0，则扩容后元素在新数组的下标为当前数组下标；若(e.hash & oldCap) != 0，则扩容后元素在新数组的下标为当前数组下标加旧数组长度。

1.1.9　JVM 垃圾回收机制

面试官提问

- 哪些对象可以作为 GC Roots？
- 引用计数用于垃圾回收存在什么问题？什么是环形引用？
- 了解 JVM 中的三色标记算法吗？

- 分代垃圾回收怎么解决跨代引用问题？什么是卡表，有什么作用？
- 说说CMS垃圾回收过程，存在什么缺点，如何解决？
- 什么是浮动垃圾？
- 说明G1垃圾回收器的重要参数与意义。
- 说明G1垃圾回收过程。
- CMS与G1的区别和优缺点各是什么？
- 垃圾回收算法的标记清除与标记整理的区别是什么？
- ZGC垃圾回收的特点是什么？
- 说明ZGC垃圾回收过程。
- 为什么ZGC可以支持TB级别的堆、最大10ms的STW？使用ZGC为什么会吞吐下降？

1. 可作为GC Roots的对象

常选以下对象作为GC Roots：

- 虚拟机栈/本地方法栈引用的对象。
- 静态成员引用的对象。
- 常量引用的对象。

2. 引用计数

引用计数法为每个对象引入计数器，当对象被引用时计数器加1，当引用失效时计数器减1，计数器为0则代表对象不可达，即为垃圾。引用计数的算法实现简单，但存在循环引用问题，如图1-32所示，对象obj1与obj2互相引用而产生环，如果obj1与obj2不被其他任何对象引用，那么此时obj1与obj2为垃圾对象，但环形引用的存在使得对应的计数器不为0。

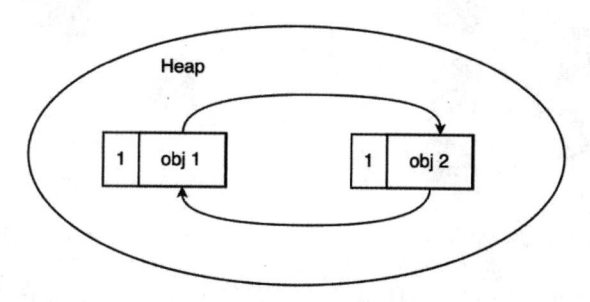

图1-32 引用计数法无法识别循环引用垃圾

此种情况，JVM 无法回收它，因此一般不使用它进行垃圾回收（GC）。

3. 三色标记算法

三色标记算法是一种并发的可达性分析算法，对象可能被标记为以下 3 种颜色：

- 黑色：根对象或者该对象与它的子对象均被扫描。
- 灰色：对象本身被扫描，但该对象的子对象未完成扫描。
- 白色：未被扫描到的对象，可达性分析后最终为白色的对象就是垃圾对象。

垃圾收集器扫描对象，根对象被置为黑色，与根节点直接关联的子对象被置为灰色，如图 1-33 所示。

进一步遍历，将完成了子对象扫描的对象置为黑色，如图 1-34 所示。

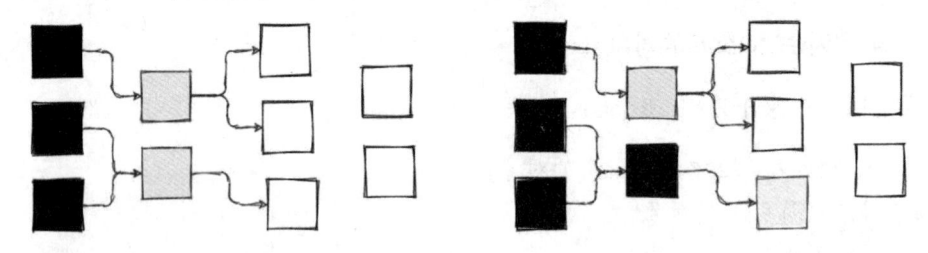

图 1-33　垃圾回收开始扫描对象　　　　图 1-34　从根节点遍历对象

完成可达性分析，存活对象都被设置为黑色，不可达的对象依然为白色，即为垃圾，如图 1-35 所示。

上述过程是理想状态，垃圾回收时应用线程也在运行，对象之间的引用关系可能会发生变化，此种情形可能将存活的对象误判为垃圾。

举个例子，假如此刻可达性分析状态如图 1-36 所示。

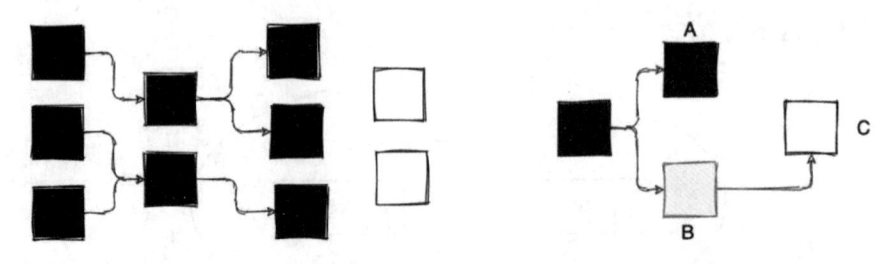

图 1-35　完成可达性分析　　　　图 1-36　当前对象间的引用关系

然后应用程序改变对象间的引用关系，如图 1-37 所示。需要指出的是，对象 A 之前被完全扫描，所以是黑色的，现在又指向了白色对象 C。

垃圾收集器在图 1-37 的基础上继续标记扫描剩余对象 B，结果如图 1-38 所示。

图 1-37　应用程序改变了对象的引用关系　　　　图 1-38　对象 C 被误判为垃圾

意外发现，虽然对象 C 不是垃圾，但最终它是白色，根据三色标记的规定白色对象会被认定为垃圾。如何保证应用线程与 GC 线程同时运行时可达性分析结果的正确性？针对这种情况，垃圾收集器 CMS 和 G1 有两种不同的解决方案：

- CMS 采用的策略是增量更新（Incremental Update），只要在写屏障里发现一个白色对象的引用被赋值给黑色对象，就记录引用关系，在重新标记阶段以这些引用关系中的黑色对象为根，重新扫描一次，避免对象被漏标。
- G1 采用的策略是快照标记（snapshot-at-the-beginning，STAB），在并发标记时所有被改变的对象通过写屏障把所有旧的引用所指向的对象都变成非白色，这种做法会产生浮动垃圾。在图 1-37 的示例中，应用线程执行 B.C = null，写屏障会直接将 C 对象置为黑色，默认对象 C 不是垃圾，如果 C 确实是垃圾，在下一次垃圾回收时才会被清理。

4. 跨代引用与卡表

为了便于解释跨代引用，我们假设一个两分代内存模型。经过多轮次的垃圾回收，当前内存中的对象现状如图 1-39 所示。

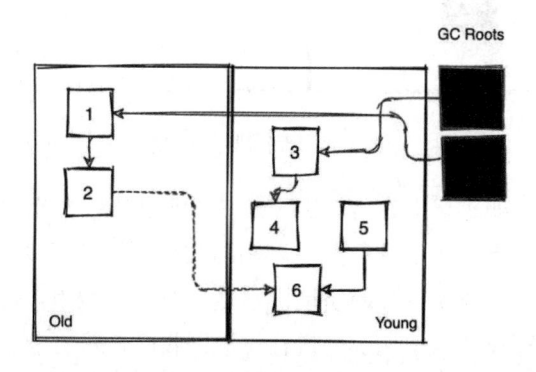

图 1-39　堆内存对象现状

YGC（Young GC）时经过可达性分析判定年轻代中 5、6 两个对象已不可达，但其实存在老年代对象 2 到年轻代对象 6 的引用，即跨代引用。如果对象 5、6 在 YGC 时被回收掉，那么跨代引用的指针就变成了空指针，此时会引起程序运行崩溃。为了避免错误地回收存活对象，YGC 时必须把存在跨代引用的老年代对象也设为 GC Roots。经过全面的可达性分析，标记存活的对象（黑色）如图 1-40 所示。

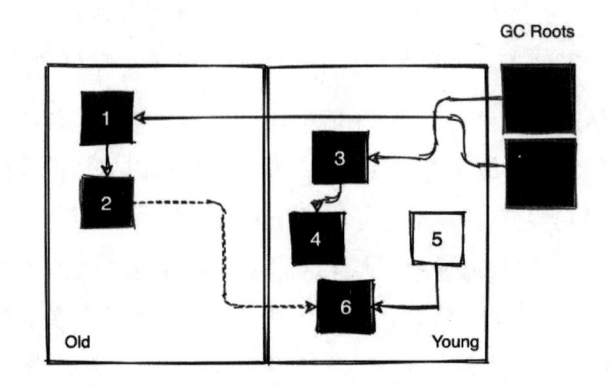

图 1-40　标记存活对象需要考虑跨代引用

垃圾回收后存活对象转移至老年代，如图 1-41 所示。

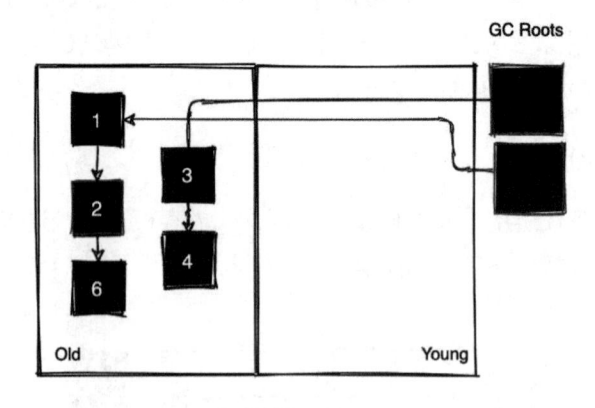

图 1-41　完成垃圾回收

这里有一个问题，即不可能在 YGC 时扫描一遍老年代找出跨代引用，因此有了记忆集。记忆集是一种用于记录从非收集区域指向收集区域的指针集合的抽象数据结构，卡表就是记忆集的一种具体实现，通俗地讲它是一个字节数组，每一个数组元素标识一块特定内存区域是否存在跨代引用。当进行垃圾回收时，遍历卡表就能知道哪些内存区域包含跨代指针，把它们加入 GC Roots 中一并扫描即可。当有其他分代区域中的对象引用了本区域对象时，写屏障切入卡表维护的逻辑。

5. CMS垃圾回收过程

CMS 垃圾回收的核心流程如下：

- 初始标记：标记与GC Roots直接关联的对象，进入STW（Stop-the-world，是在垃圾回收算法执行过程中，JVM内存冻结、应用程序停顿的一种状态）状态。
- 并发标记：遍历整个对象图，标记所有存活对象，该阶段GC线程和应用线程同时运行。
- 重新标记：标记并发标记阶段产生的垃圾，进入STW状态。
- 并发清除：清理垃圾，GC线程和应用线程同时运行。

6. CMS的缺点

（1）产生浮动垃圾：CMS 并发清除阶段 GC 线程和应用线程同时运行，该阶段应用线程产生的垃圾 CMS 无法回收（因为在标记之后产生的），只能等到下次垃圾回收时清理，这部分垃圾称作浮动垃圾。CMS 与 G1 都存在这种问题。

（2）有空间碎片：CMS 采用的是标记清除算法，所以会产生空间碎片。

（3）CPU 资源敏感，CMS 默认启动的回收线程数是（CPU 数量+3）/4，所以 CPU 数量少会导致应用程序变慢，吞吐降低。

（4）可能出现并发模式失败。CMS 的目标就是在回收老年代对象时与用户线程并发运行，如果垃圾回收时应用线程向老年代请求分配的空间超过预留空间，就会抛出"concurrent mode failure"（并发模式失败），此时 CMS 会暂停用户线程的执行，启用 Serial Old 收集器来重新进行老年代的垃圾收集。解决这个问题的办法如下：

- 执行一定次数Full GC（标记清除）后进行一次标记整理算法压缩内存空间，减少内存碎片。CMS提供了以下参数来进行控制：
    - -XX:UseCMSCompactAtFullCollection
    - -XX:CMSFullGCBeforeCompaction = xx
- 调低触发CMS GC的阈值，CMS GC触发主要由CMSInitiatingOccupancyFraction参数决定，默认情况下老年代已用空间为92%时才触发CMS GC，调小阈值提前触发GC，保证老年代有足够的空间，可以在一定程度上避免出现并发模式失败。

7. G1 重要参数及其意义

- -XX:+UseG1GC： 启用 Garbage First（G1）垃圾收集器。
- -XX:NewRatio = n： 设置年轻代与老年代在堆内存中的占比，默认值为2。
- -XX:SurvivorRatio = n： 设置年轻代eden与survivor空间的占比，默认值为8。
- -XX:MaxTenuringThreshold = n： 对象晋升老年代的最大阈值，默认值为15。
- -XX:G1HeapRegionSize = n： 设置G1 Region大小。
- -XX:MaxGCPauseMillis = n： 期望最大的GC暂停时间，JVM会尽可能地满足预期。
- -XX:ParallelGCThreads = n： JVM在并行GC时参与垃圾回收的线程数。

8. G1垃圾回收过程

G1 垃圾回收的主流程与 CMS 相似，但存在以下区别：

- 垃圾回收时CMS采用标记清除算法，G1采用标记整理算法，降低了空间碎片。
- G1将整个堆空间划分成大小相等的Region，Region大小在1～32MB，并且为2的n次幂，一种典型的内存空间分布如图1-42所示。除了年轻代（E,S）和老年代（O），G1有专门分配大对象的Region，叫作Humongous，一个对象的大小超过了Region的一半就可以称为大对象。

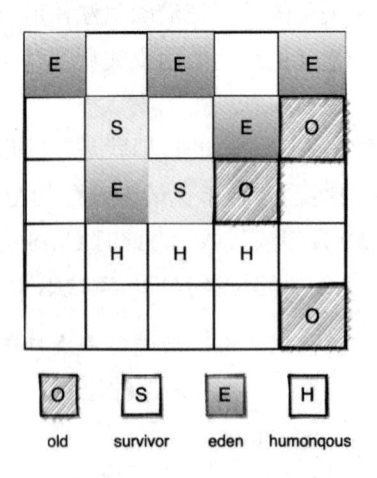

图 1-42　G1 内存空间分布

- 可预测的停顿时间，G1会通过一个合理的计算模型评估回收每个Region所获得的空间大小，以及回收所耗费的时间，优先选择价值最大的Region进行回收，努力在用户指定的停顿时间内完成垃圾回收。

9. ZGC的特点

ZGC（The Z Garbage Collector）是JDK11推出的一款追求极致低延迟的新一代并发垃圾收集器，其主要特点如下：

（1）支持TB级别的堆，最大10ms STW。

（2）单代。

（3）基于Region设计的垃圾回收器，不同于G1垃圾回收器每个Region大小完全一样，ZGC Region的大小分为3种：2MB、32MB和$n×2MB$，如图1-43所示。

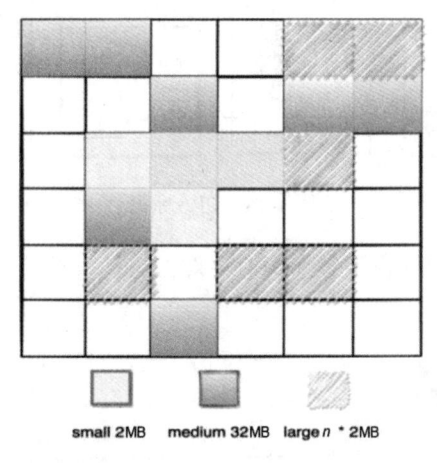

图1-43　ZGC内存空间分布

（4）部分压缩。ZGC在垃圾回收时只选择一部分Region使用标记压缩算法进行垃圾回收，GC时间可控。

（5）颜色指针。传统垃圾回收器的GC信息存储在对象头中，而ZGC的GC信息保存在对象指针中，比如对象是否被GC线程移动过等。

（6）读屏障。通俗地讲，读屏障是JVM向应用程序插入一段子程序的技术。当应用线程从堆中读取对象引用时，就会触发执行这段插入的代码，我们通过读屏障可以插入额外的处理逻辑。在ZGC中，通过颜色指针和读屏障技术能使GC线程在转移对象的过程中保证应用线程访问正确的对象地址，实现并发转移。如果对象发生转移但对象地址未更新，那么应用线程访问旧地址会带来不可预测的错误。为了避免这种现象，可使应用线程访问对象触发读屏障，通过颜色指针若发现对象被移动了，就修正指针到对象的新地址上，这样可确保应用线程永远访问更新后的有效指针。并发转移避免了ZGC在对象转移时的STW。

（7）ZGC 参数简洁，性能调优简单。

10. ZGC垃圾回收过程

ZGC 垃圾回收过程分为以下几个阶段：

（1）初始标记 STW。标记与 GC Roots 直接关联的对象，如图 1-44 所示。

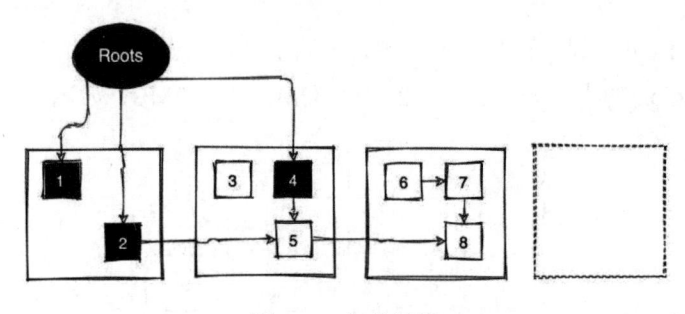

图 1-44　初始标记

（2）并发标记。并发标记用于遍历对象图做可达性分析，以扫描垃圾，如图 1-45 所示。

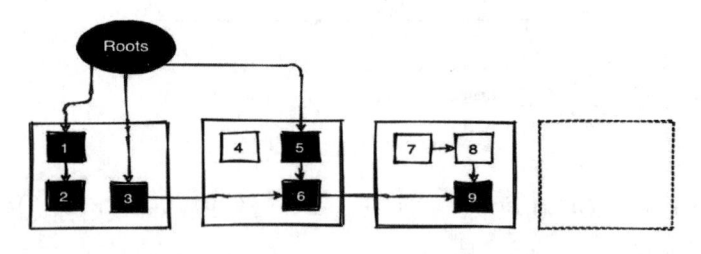

图 1-45　并发标记，可达性分析搜索存活对象

（3）重新标记 STW。标记并发标记期间产生的垃圾，ZGC 为了保证低延迟，若该阶段执行时间超出预期，则会再次进入并发标记阶段。

（4）并发预备重分配。该阶段分析选择出需要清理的 Region，这些 Region 组成重分配集（Relocation Set）。选择图 1-46 中间的两个 Region 进行清理。

（5）并发重分配。将重分配集中存活对象复制到新的 Region 上，并为重分配集中的每个 Region 维护一个转发表（Forward Table），记录从旧对象到新对象的转向关系。如图 1-46 所示，4、7、8 是垃圾对象，陆续将 5、6、9 对象复制到新的 Region。

图 1-46　并发重分配复制存活对象至新 Region

（6）并发重映射，修正被移动对象的指针。并发重分配移动了对象，对象地址发生了变化，但引用该对象的指针并未被修正，颜色指针和读屏障技术可以保证应用线程在读取移动对象时通过转发表访问到移动后的对象地址，ZGC 避免了移动对象的 STW，这是它实现 STW < 10ms 的重要原因，但是读屏障降低了系统吞吐（相当于把整体 GC STW 平摊到了每次访问的对象上），图 1-47 是修正指针后的理想情况。需要说明的是，在下一次垃圾回收的并发标记阶段才会顺便修正上次垃圾回收移动对象的指针。

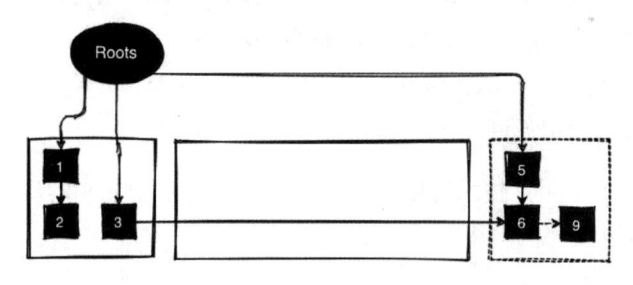

图 1-47　并发重映射修正移动对象的指针

1.1.10　零复制

面试官提问

- 什么是零复制？零复制技术解决了什么问题？
- 说一下实现零复制的几种方式？

从磁盘读取数据写入网卡进行发送，传统的 IO 方式会进行 4 次数据复制和 4 次上下文切换，执行过程如图 1-48 所示。

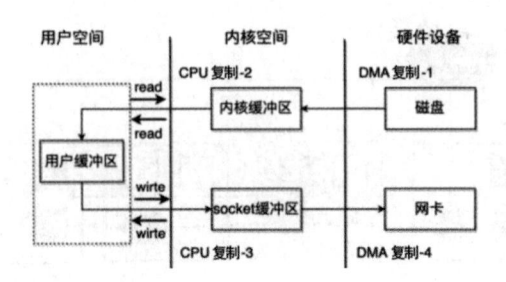

[图 1-48 传统 IO 方式完成数据发送需要 4 次上下文切换和 4 次数据复制]

图 1-48　传统 IO 方式完成数据发送需要 4 次上下文切换和 4 次数据复制

说明如下：

（1）用户进程执行 read 系统调用，上下文从用户态切换为内核态。

（2）DMA 控制器把数据从磁盘复制到内核空间的读缓存中。

（3）CPU 把内核空间读缓冲区的数据复制到用户缓冲区，上下文从内核态切换为用户态，read 系统调用返回。

（4）用户进程执行 write 系统调用，上下文从用户态切换为内核态。

（5）CPU 将用户缓冲区中的数据复制到 socket 缓冲区。

（6）DMA 控制器将 socket 缓冲区的数据复制到网卡。

（7）write 系统调用返回，上下文从内核态切换为用户态。

零复制（也叫零拷贝）技术可以减少上下文切换与数据复制的次数，常见的零复制技术如下：

1. mmap + write零复制技术

mmap + write 零复制技术将内核读缓冲区地址和用户缓冲区地址进行映射，实现了内核缓冲区与应用程序内存的共享，避免了一次数据从内核读缓冲区到用户缓冲区的复制，整个过程出现 4 次上下文切换和 3 次数据复制，具体执行流程如图 1-49 所示。

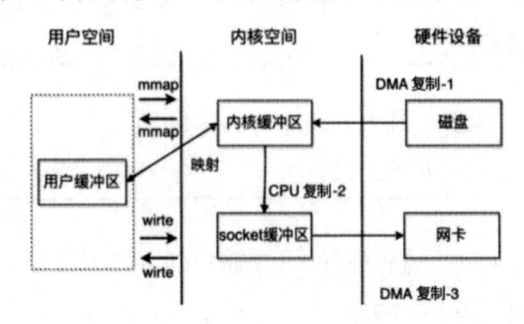

[图 1-49 mmap+write 方式完成数据发送需要 4 次上下文切换和 3 次数据复制]

图 1-49　mmap+write 方式完成数据发送需要 4 次上下文切换和 3 次数据复制

说明如下：

（1）用户进程执行 mmap 系统调用，上下文从用户态切换为内核态。
（2）DMA 控制器把数据从磁盘复制到内核读缓冲区。
（3）mmap 系统调用返回，上下文从内核态切换为用户态。
（4）用户进程执行 write 系统调用，上下文从用户态切换为内核态。
（5）CPU 将内核读缓冲区的数据复制到 socket 缓冲区。
（6）DMA 控制器将 socket 缓冲区的数据复制到网卡。
（7）write 系统调用返回，上下文从内核态切换为用户态。

2. SendFile零复制技术

SendFile 零复制技术通过 SendFile 系统调用，将数据直接在内核空间进行 I/O 传输，避免了数据在用户空间和内核空间之间的复制，整个过程发生 2 次上下文切换和 3 次数据复制，具体执行流程如图 1-50 所示。

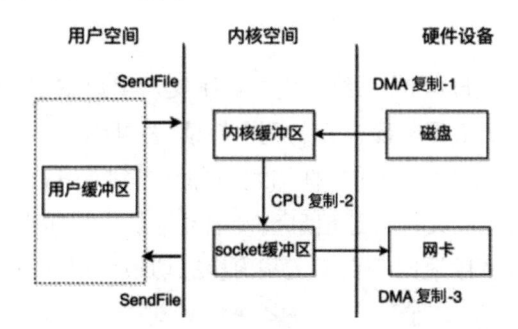

图 1-50　SendFile 方式完成数据发送需要 2 次上下文切换和 3 次数据复制

说明如下：

（1）用户进程执行 SendFile 系统调用，上下文从用户态切换为内核态。
（2）DMA 控制器把数据从磁盘复制到内核读缓冲区。
（3）CPU 将内核读缓冲区中的数据复制到 socket 缓冲区。
（4）DMA 控制器将 socket 缓冲区的数据复制到网卡。
（5）SendFile 系统调用返回，上下文从内核态切换为用户态。

3. SendFile + DMA scatter/gather零复制技术

SendFile+DMA Scatter/Gather 零复制技术是在 DMA 复制的基础上加入 scatter/gather

操作，DMA 根据文件描述信息将数据从内核读缓冲区直接复制到网卡，相比之前 SendFile 减少了一次 CPU 数据复制，整个过程发生了 2 次上下文切换和 2 次数据复制，具体执行流程如图 1-51 所示。

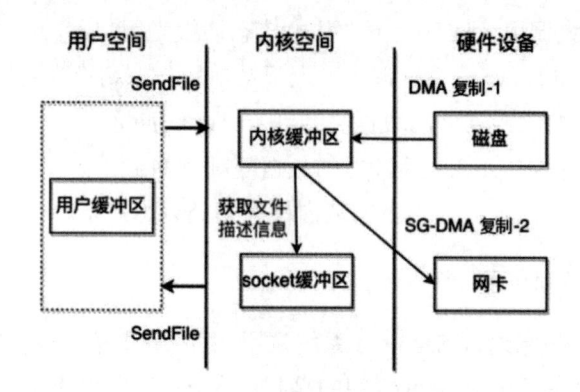

图 1-51　DMA scatter/gather 方式完成数据发送需要 2 次上下文切换和 2 次数据复制

说明如下：

（1）用户进程执行 SendFile 系统调用，上下文从用户态切换为内核态。
（2）DMA 控制器把数据从磁盘复制到内核读缓冲区。
（3）CPU 把内核读缓冲区中的文件描述信息发送到 socket 缓冲区。
（4）DMA 控制器根据文件描述信息直接把数据从内核缓冲区复制到网卡。
（5）sendFile 系统调用返回，上下文从内核态切换为用户态。

1.1.11　TCC 柔性事务

> **面试官提问**
> - 简述 TCC 事务模型。
> - TCC 在业务中使用的场景有哪些？
> - 如何设计与实现 TCC 框架？

TCC（Try-Confirm-Cancel）是预处理（Try）、确认（Confirm）和取消（Cancel）3 种操作的缩写，事务执行流程如图 1-52 所示。

- Try：对业务系统做检测和资源预留。

- Confirm：确认提交。一般来说Try成功，Confirm在幂等重试下也会保证成功。
- Cancel：当出现错误时取消执行，幂等重试保证最终释放Try阶段预留的资源。

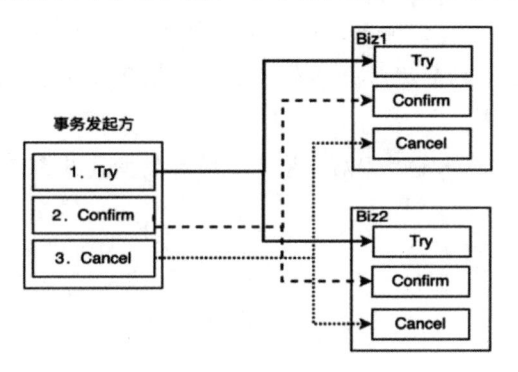

图 1-52　TCC 柔性事务执行流程

1.1.12　CAP 与 BASE

面试官提问

- 什么是CAP理论？
- 什么是BASE理论？
- 在你的业务场景中是怎么运用或者体现CAP的，可以举个例子吗？

CAP 理论是指一个分布式系统最多只能同时满足一致性（Consistency）、可用性（Availability）和分区容错性（Partition tolerance）这三者中的两个。

- 一致性：所有节点在同一时间数据完全一致。
- 可用性：服务可用且系统在正常时间内返回结果。
- 分区容错性：分布式系统在遭遇某节点或网络分区故障时，仍然能够对外提供满足一致性和可用性的服务。

BASE 理论由 CAP 演化而来，其基本内涵是基本可用（Basically Available）、软状态（Soft State）和最终一致性（Eventual Consistency）。

- 基本可用：系统出现故障时，允许服务合理降级，损失部分可用性，保证核心场景链路可用。比如搜索服务响应时间1秒退化为3秒；秒杀抢购请求激增，部分用户被引导至降级页面。
- 软状态：允许系统中的数据存在中间状态，允许多个不同节点的数据副本存在同步延时，但这些不影响系统的整体可用性。比如消息队列为了保证高可用和数据不丢失，在写入数据时并不要求主备所有节点消息持久化后才返回ACK（确认字符）。
- 最终一致性：经过一定时间后，系统中所有数据副本最终能够达到一致的状态。

1.1.13 Volatile 关键字

> **面试官提问**
> - 了解Java内存模型吗？
> - Volatile关键字的作用是什么？
> - Volatile能保证原子性吗？
> - 说一下Volatile的应用场景。

Java 内存模型如图 1-53 所示，变量存放在主存中，每个线程都有自己的工作内存。线程运行时将主存中的数据复制到工作内存中，对数据的任何操作都是基于自己的工作内存，之后再将更新的数据刷新到主存。注意当前线程不能直接操作主存和其他线程工作内存中的数据。

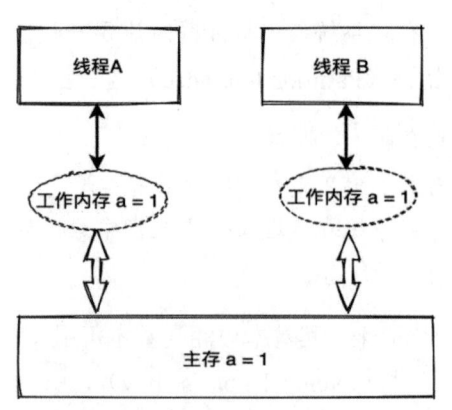

图 1-53　Java 内存模型

线程 A 与线程 B 并发运行时可能出现这种情况，如果线程 A 修改了工作内存中的数据且还未同步到主存，那么线程 B 读取的主存中的数据就不是最新值。当变量被 Volatile 关键字修饰后，任何线程对它的写操作都会强制将工作内存中的最新值刷新到主存，同时使其他线程工作内存中的变量缓存无效，这样其他线程使用缓存时就会重新到主存中读取最新值，因此 Volatile 保证了立即可见性。

1.1.14 双亲委派类加载器

面试官提问

- 类加载器有哪些？
- 请说明类加载的过程。
- 什么是双亲委派模型，JVM 为什么这么设计？

双亲委派机制是指类加载器收到类加载请求时，首先将请求委派给父类加载器，最终所有类的加载都会委托给顶层父类加载器，即启动类加载器（Bootstrap ClassLoader），当父类加载器无法完成这个请求时，子类加载器才会尝试去加载。这种类加载机制能够保证多加载器加载某个类时，最终都由同一个加载器加载（不同类加载器生成的对象实例会被 JVM 认定为不同类型的对象）。类加载的流程如图 1-54 所示。

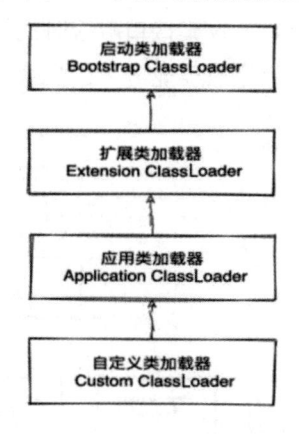

图 1-54 双亲委派类加载机制

- 启动类加载器（Bootstrap ClassLoader）：负责加载<JAVA_HOME>/lib目录下被虚拟机识别的类库，如 java.util.**、java.io.**等。
- 扩展类加载器（Extention ClassLoader）：负责加载<JAVA_HOME>\lib\ext目录下的类库。
- 应用类加载器（Application ClassLoader）：负责加载用户路径（ClassPath）上所指定的类库，编写的代码以及引用的第三方JAR包都是由它来加载的。
- 自定义类加载器(Custom ClassLoader)：为了某些特殊用途实现的自定义加载器，比如为了防止代码被反编译，可以将编译后的代码加密，然后实现自定义的类加载器，解密还原后再进行类的加载。

1.1.15　从微服务到 Service Mesh

面试官提问

- 什么是Service Mesh？
- 为什么需要Service Mesh，它解决了什么痛点？

微服务架构使用 RPC 框架实现服务间的通信，如图 1-55 所示。

为了提升服务治理能力，中间件团队会持续开发 RPC 框架的新能力，比如负载均衡（轮询、随机、一致性哈希等）、收集接口响应时间用于监控告警等，如图 1-56 所示。中间件团队的这些基础设施优化需要业务方的配合并频繁升级 RPC 客户端。

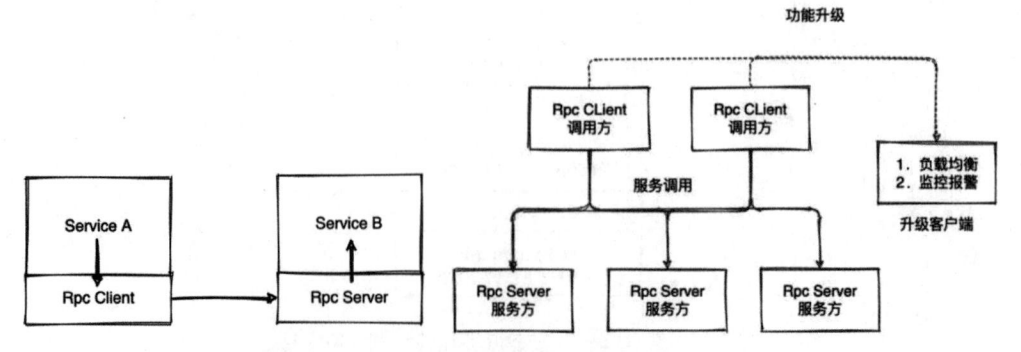

图 1-55　服务 A 调用服务 B　　图 1-56　RPC 框架引入负载均衡、监控告警等非业务性功能

如果要做全链路追踪，RPC 客户和服务器端都需要升级，如图 1-57 所示。

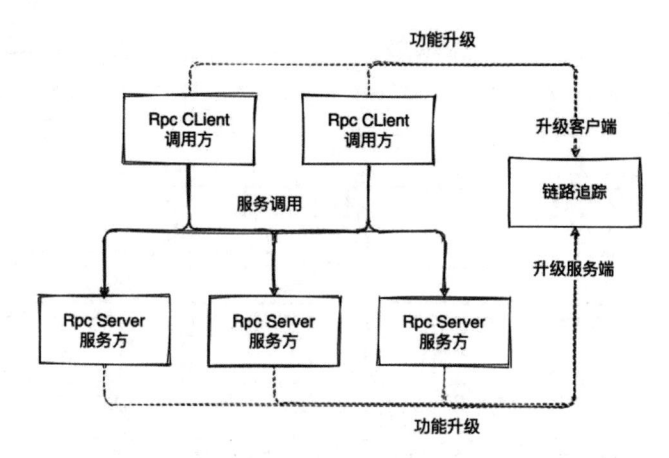

图 1-57　RPC 框架引入全链路追踪等非业务性功能

可以看到，基础设施和业务耦合在一起，一方面业务方需要关注非业务需求，不断配合中间件团队升级客户端；另一方面还需要不断学习 RPC 框架本身的新特性，因此业务开发不能集中精力在业务本身上。为了解决这样的痛点，将服务拆分成两个进程（见图 1-58）：一个进程实现业务逻辑（Biz）；一个进程通过代理（Proxy）实现基础设施能力，比如负载均衡、监控告警、服务发现、全链路追踪等。

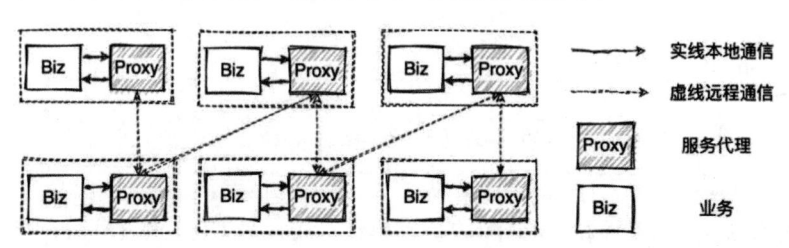

图 1-58　引入代理实现远程通信

Biz 和 Proxy 之间是本地通信，具有同生共死的关系。Biz 之间的通信要通过 Proxy 完成，Proxy 之间是远程通信，这样一来就实现了"业务是业务，技术是技术"的解耦。如果所有服务都引入如上所说的代理实现远程通信，那么整个架构会演变为如图 1-59 所示的形式，看上去整个服务集群变成了服务网格，这就是 Service Mesh（服务网格）的由来。

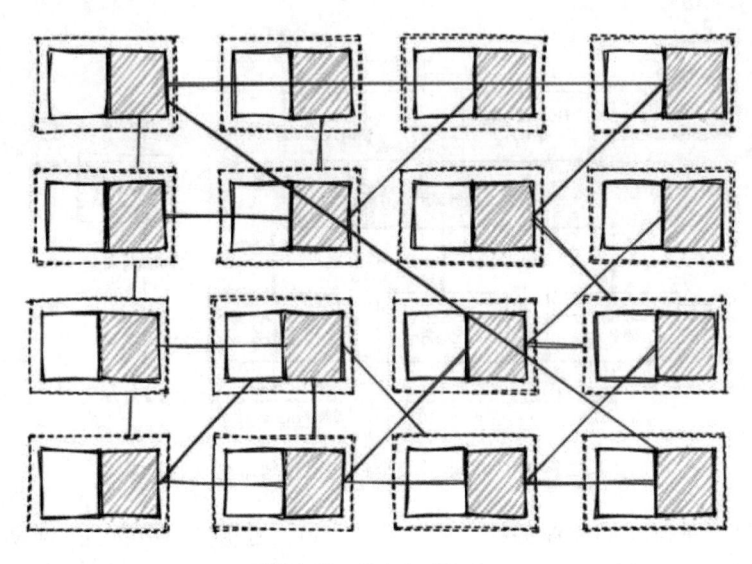

图 1-59　Service Mesh

1.1.16　进程、线程与协程

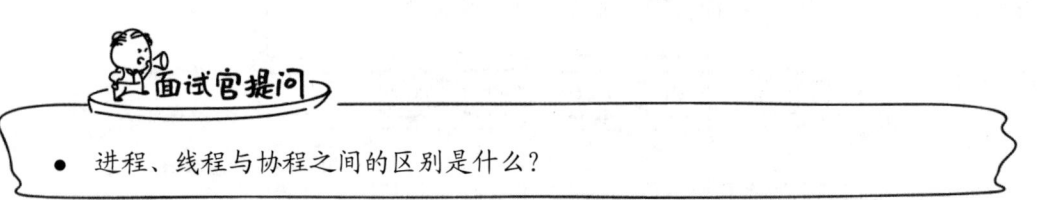

面试官提问
- 进程、线程与协程之间的区别是什么？

　　进程是系统进行资源调度和分配的基本单位；线程是 CPU 调度和分配的基本单位；协程比线程更加轻量级，它是一个特殊的函数，该函数可以在某个地方被挂起，也可以在挂起处继续执行。

　　从包含关系来讲，一个进程可以拥有多个线程，一个线程可以拥有多个协程，如图 1-60 所示。

　　从上下文切换方面来讲，进程和线程的切换者都是操作系统，切换时机也由操作系统决定，用户无感知；协程的切换者是用户（编程者），切换时机也由用户程序决定。

　　从并行运行方面来讲，多个进程或一个进程内的多个线程是可以并行运行的，一个线程的多个协程是串行执行的。

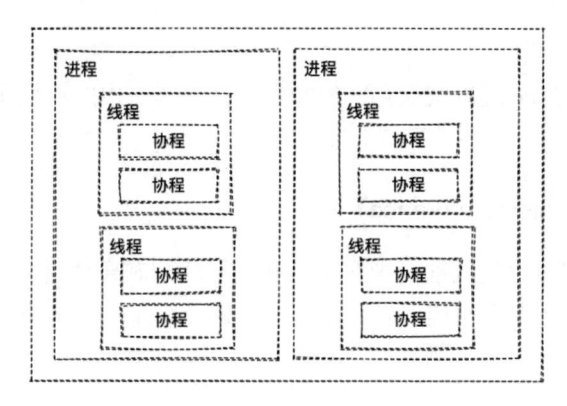

图 1-60　进程、线程、协程之间的关系

1.1.17　强引用、软引用、弱引用、虚引用

> **面试官提问**
> - 什么是强引用、软引用、弱引用、虚引用？它们之间有什么区别？
> - 请说明强引用、软引用、弱引用和虚引用的典型使用场景？

1. 强引用（StrongReference）

当内存空间不足时，即使 JVM 抛出 OutOfMemoryError 错误，垃圾回收器也不会回收具有强引用的对象。类似 Object object = new Object()这种使用 new 操作符创建的对象，将它赋值给一个变量，这个变量就是指向该对象的一个强引用。

2. 软引用（SoftReference）

若对象只具有软引用，则内存空间充足时垃圾回收器不回收它，而当堆空间不足时，对象就会被回收。软引用可以和一个引用队列（Reference Queue）联合使用，如果软引用指向的对象被垃圾回收，那么 JVM 会把这个软引用加入与之关联的引用队列中。

3. 弱引用（WeakReference）

若对象只具有弱引用，则垃圾回收器就会立即回收它的内存。弱引用可以和一个引用队列联合使用，如果弱引用所引用的对象被垃圾回收，那么 JVM 会把这个弱引用加入与之关联的引用队列中。

经常使用的 Caffeine 缓存就利用了对象软引用、弱引用的特性实现了基于引用的内存回收策略。

4. 虚引用（PhantomReference）

虚引用与软、弱引用的区别在于它必须和引用队列联合使用。当垃圾回收器准备回收某对象时，发现它还有虚引用，那么在回收对象内存前，JVM 会把这个虚引用加入与之关联的引用队列中。它的主要作用是跟踪垃圾回收过程。

1.1.18　ThreadLocal

> **面试官提问**
> - 谈谈你对ThreadLocal的理解（实现原理）。
> - 为什么会出现内存泄漏？
> - 给出一个ThreadLocal的最佳实践。

ThreadLocal 为每个使用该变量的线程提供一个副本，每个线程都可以独立修改自己的副本，而不会与其他线程的副本产生冲突。

一些情况下，ThreadLocal 会出现内存泄漏，如图 1-61 所示，每个线程（Thread）拥有一个映射表（ThreadLocalMap），key 是 ThreadLocal 实例自己，value 是用户存储的对象。需要特别说明的是，ThreadLocalMap 使用 ThreadLocal 的弱引用作为 key（图中虚线代表弱引用），当 ThreadLocal 没有被外部强引用指向，垃圾回收时该 ThreadLocal 会被垃圾回收掉，那么 ThreadLocalMap 中就出现了 key 为 null 的 Entry，若当前线程持续运行，这些 key 为 null 的 Entry 的 value 就一直存在一条如图 1-61 所示的强引用链（Thread Reference→Thread→ThreaLocalMap→Entry→value）中，从而产生了内存泄漏（该对象不会被访问到，但又无法被垃圾回收）。

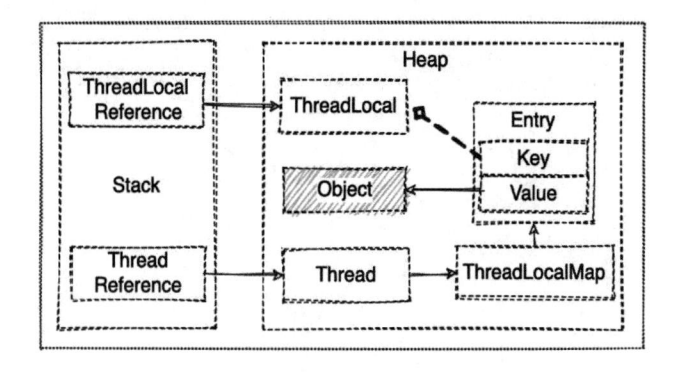

图 1-61　ThreadLocal 内部引用链

ThreadLocal 的最佳实践：使用完 ThreadLocal 后手动调用 remove()方法清除数据。

1.1.19　线程池

面试官提问

- 使用线程池可带来哪些好处？
- 线程池核心参数的解释。
- 介绍几种饱和策略。
- 熟悉线程池的状态与生命周期吗？
- 设置线程数的一般方法有哪些？

1. 使用线程池的好处

使用线程池有如下好处：

- 复用已创建的线程，避免频繁创建和销毁线程带来的性能开销。
- 提高了线程的可管理性，避免了无节制创建线程而耗尽系统资源。
- 提高任务响应速度，任务到达时可立即执行，节省了线程创建的时间。

2. 线程池ThreadPoolExecutor的设计与实现

ThreadPoolExecutor 的构造方法如图 1-62 所示。

```
Creates a new ThreadPoolExecutor with the given initial parameters and default thread factory.
Params: corePoolSize – the number of threads to keep in the pool, even if they are idle, unless
        allowCoreThreadTimeOut is set
        maximumPoolSize – the maximum number of threads to allow in the pool
        keepAliveTime – when the number of threads is greater than the core, this is the
        maximum time that excess idle threads will wait for new tasks before terminating.
        unit – the time unit for the keepAliveTime argument
        workQueue – the queue to use for holding tasks before they are executed. This queue will
        hold only the Runnable tasks submitted by the execute method.
        handler – the handler to use when execution is blocked because the thread bounds and
        queue capacities are reached
Throws: IllegalArgumentException – if one of the following holds:
        corePoolSize < 0
        keepAliveTime < 0
        maximumPoolSize <= 0
        maximumPoolSize < corePoolSize
        NullPointerException – if workQueue or handler is null
public ThreadPoolExecutor(int corePoolSize,
                          int maximumPoolSize,
                          long keepAliveTime,
                          TimeUnit unit,
                          BlockingQueue<Runnable> workQueue,
                          RejectedExecutionHandler handler) {
    this(corePoolSize, maximumPoolSize, keepAliveTime, unit, workQueue,
         Executors.defaultThreadFactory(), handler);
}
```

图 1-62　ThreadPoolExecutor 构造方法

从图中可知，ThreadPoolExecutor 的构造参数有 corePoolSize、maximumPoolSize、keepAliveTime、TimeUnit、workQueue 和 handler。

（1）corePoolSize 与 maximumPoolSize：

- 若当前线程数小于核心线程数（corePoolSize），则创建新线程执行任务。
- 若当前线程数大于核心线程数（corePoolSize），则将任务放入队列中排队执行。
- 若队列已满，当当前线程数小于最大线程数（maximumPoolSize）时，创建新线程执行任务；当当前线程数大于最大线程数（maximumPoolSize）时，执行饱和策略。

向线程池提交的任务的执行流程如图 1-63 所示。

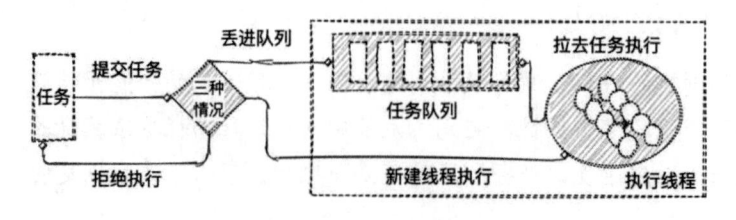

图 1-63　任务提交后的执行流程

（2）KeepAliveTime 与 TimeUnit：若线程空闲时间超过 KeepAliveTime 个时间单位

（TimeUnit），线程就会被销毁，直到剩下 corePoolSize 个线程为止。

（3）BlockingQueue<Runnable> workQueue：提交的任务在队列中排队执行。

（4）RejectedExecutionHandler handler：当队列已满且线程数达到 maximumPoolSize 时，继续提交任务就会触发饱和策略。常见的饱和策略有：

- AbortPolicy 丢弃任务并抛出 RejectedExecutionException 异常。
- DiscardPolicy 丢弃任务，但不抛出异常。
- DiscardOldestPolicy 丢弃队列中最旧的任务，并将新任务加入队列。
- CallerRunsPolicy：由提交任务的线程执行刚提交的任务。

3. 线程池的状态与生命周期

线程池的生命周期如图 1-64 所示，其中每种状态解释如下：

- RUNNING：可以接收新提交的任务，也会处理队列中的任务
- SHUTDOWN：不接收新提交的任务，仅可以处理队列中的任务。
- STOP：不接收新任务，也不处理队列中的任务，且会中断正在处理的任务。
- TIDYING 与 TERMINATED：当所有任务都终止，有效线程数为0时，线程池就处于TIDYING状态。线程池状态在转换为TIDYING 时会执行钩子方法terminated()，方法执行结束后，线程池的状态会由TIDYING变为TERMINATED。

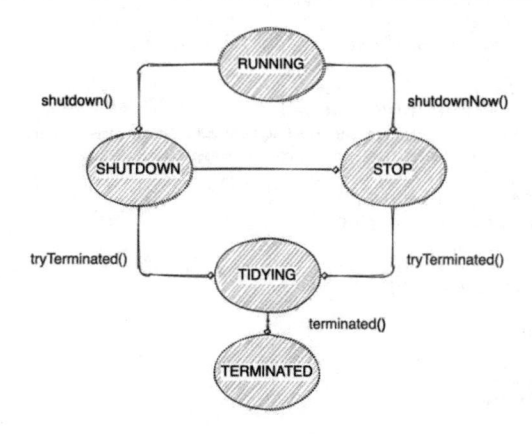

图 1-64　线程池状态流转

4. 如何设置线程池核心线程数量

- 对于CPU密集型任务，核心线程数设置为CPU核数+1。

- 对于I/O密集型任务，核心线程数设置为2×CPU核数。

这是一个不会错得很离谱的经验值，由于应用中可能存在多个线程池，以及具体场景的不同，因此合理的线程数需要压测才能决定。

1.1.20 控制访问某个资源或方法的并发数

面试官提问

- 如何控制访问某个资源或者方法的并发数？

控制访问某个资源或者方法的并发数有以下两种方法：

（1）使用线程池异步处理任务，通过设置线程池最大线程数来限制执行方法的最大并发数，示例代码如下：

```java
public class ThreadPoolSample {
    public static void main(String[] args) {
        /*
         * 创建一个线程池对象，如下参数：
         * int corePoolSize      核心线程数
         * maximumPoolSize       最大线程数
         * long keepAliveTime    线程空闲时，线程存活的时间
         * TimeUnit unit         时间单位
         * BlockingQueue<Runnable> workQueue  任务队列
         */
        int corePoolSize = 5;      //核心线程数
        int maximumPoolSize = 10;  //最大线程数
        ThreadPoolExecutor pool = new ThreadPoolExecutor(corePoolSize, maximumPoolSize, keepAliveTime: 0
                , TimeUnit.MILLISECONDS, new LinkedBlockingDeque<>( capacity: 1000));
        //执行任务
        for (int i = 0; i < 100; i++) {
            pool.execute(new Runnable() {
                @Override
                public void run() {
                    doSomething();
                }
            });
        }
        //关闭线程池
        pool.shutdown();
    }
    //该方法被并发执行的线程数不超过maximumPoolSize
    static void doSomething(){
        System.out.println(Thread.currentThread().getName());
    }
}
```

（2）使用信号量 semaphore 控制同时访问共享资源的线程个数，示例代码如下：

```java
public class SemaphoreSample {
    public static void main(String[] args) {
        //初始信号量许可为3
        Semaphore semaphore=new Semaphore(permits: 3);
        for (int i = 0; i < 9; i++) {
            Thread thread=new Thread(new Runnable() {
                @Override
                public void run() {
                    try {
                        semaphore.acquire();
                        System.out.println(Thread.currentThread().getName() + " acquire semaphore !");
                        Thread.sleep(millis: 5000);
                        System.out.println(Thread.currentThread().getName() + " release semaphore ,after 5s.");
                        semaphore.release();
                    } catch (InterruptedException e) {
                        e.printStackTrace();
                    }
                }
            }, name: "Thread No - " + i);
            thread.start();
        }
    }
}
```

控制态输出如下：

```
Thread No - 0 acquire semaphore !
Thread No - 1 acquire semaphore !
Thread No - 2 acquire semaphore !
Thread No - 0 release semaphore ,after 5s.
Thread No - 2 release semaphore ,after 5s.
Thread No - 1 release semaphore ,after 5s.
Thread No - 3 acquire semaphore !
Thread No - 4 acquire semaphore !
Thread No - 5 acquire semaphore !
Thread No - 3 release semaphore ,after 5s.
Thread No - 4 release semaphore ,after 5s.
Thread No - 5 release semaphore ,after 5s.
Thread No - 7 acquire semaphore !
Thread No - 8 acquire semaphore !
Thread No - 6 acquire semaphore !
Thread No - 7 release semaphore ,after 5s.
Thread No - 6 release semaphore ,after 5s.
Thread No - 8 release semaphore ,after 5s.
```

思考一下，在分布式环境下，如何控制某一个资源被并发消费的线程数，是否能实现？

1.1.21 Happens-Before

> - 谈谈几种Happens-Before原则？

Happens-Before 关系描述了前一个操作的结果对后续操作的内存可见性，比如操作 X Happens-Before Y，那么 X 的结果对 Y 可见。具体原则如下：

（1）在同一个线程中，写在前面的操作 Happens-Before 后面的操作。

（2）同一把锁的解锁操作 Happen-Before 加锁操作。

（3）对于一个用 Volatile 修饰的变量，写操作 Happen-Before 该变量的读操作。

（4）若 X Happens-Before Y，Y Happens-Before Z，那么 X Happens-Before Z。

（5）若线程 A 调用线程 B 的 start()方法来启动线程 B，则 start()操作 Happens-Before 线程 B 中的任意操作。

（6）对线程 interrupt()方法的调用 Happen-Before 被中断线程检测到中断事件的发生。

（7）若线程 A 执行操作 ThreadB.join()并成功返回，那么线程 B 中的任意操作 Happens-Before 线程 A 从 ThreadB.join()操作成功返回。

（8）对象的初始化完成 Happens-Before 它的 finalize()方法调用。

1.1.22 对 Java 的理解

> - 谈谈你对Java的理解。
> - 可以谈谈Java与Go的区别吗？

（1）Java 是一种跨平台的语言，一次编译到处运行。
（2）Java 提供了垃圾回收机制，不用手动释放内存。
（3）Java 具有独特的语言特性：泛型、反射、Lamda 表达式等。
（4）Java 是面向对象的语言，其三大特征是封装、继承、多态。
（5）Java 原生自带一些并发库、网络库、集合类等，便于上层应用开发。

1.1.23 缓存穿透、雪崩、击穿

面试官提问

- 什么是缓存穿透、缓存雪崩与缓存击穿？它们之间有什么区别？
- 怎样解决缓存穿透、雪崩与击穿？

1. 缓存穿透

穿透是指查询一个底层存储不存在的 key，每次查询时缓存中都不存在该数据，进而穿透到底层存储进行二次查询。流量高峰时，缓存失去了意义，底层存储可能被打挂。

解决方案：

- 使用布隆过滤器拦截对底层存储不存在的key的读请求，减轻对底层存储的查询压力。
- 缓存空值，查询底层存储返回空时，将空值缓存起来，下次同样的查询就可避免穿透。
- 缓存预热，有些场景可以认为缓存不存在，底层数据也不会存在，比如广告特征数据从HBase预热到Redis中，Redis未命中，没必要穿透查询HBase。

2. 缓存雪崩

雪崩是指大量的 key 过期时间设置得相同或者近似，导致某一时刻缓存同时失效，请求全部打到底层存储，引起系统崩溃。

解决方案：在缓存原有失效时间基础上加一个随机值，将失效时间随机打散。

3. 缓存击穿

击穿是指缓存在某时刻过期，恰好此时对该 key 有大量的并发请求。击穿和雪崩的区别在于：缓存击穿是同一时刻对某一个 key 进行大量请求但没命中缓存，缓存雪崩是同一时刻对不同的过期的 key 进行大量请求。

解决方案：

- 抢锁成功的线程去底层存储获取数据并放入缓存，后续其他线程等待读取缓存中的数据。
- 一些场景允许这样的假设：缓存中没有数据，底层存储也没有。

1.1.24 虚拟机与容器对比

面试官提问

- 说明一下虚拟机与容器的区别？
- 思考一下容器会不会取代虚拟机？

在虚拟机和容器之前，用户无法实现在同一台物理机上运行不同操作系统下的应用，也很难做好应用程序之间的隔离。基于硬件的虚拟化使得在同一台物理机上同时运行多个独立的操作系统实例成为可能；基于容器的虚拟化可以在同一个操作系统实例中运行多个应用程序，同时保持应用程序之间的隔离。虚拟机和容器的对比如表 1-3 所示。

表 1-3 虚拟机和容器的对比

纬　度	虚　拟　机	容　器
隔离级别	每台虚拟机运行在自己的操作系统中	所有容器共享操作系统
虚拟化	硬件级虚拟化	操作系统虚拟化
启动速度	启动时间分钟级	启动时间秒级
安全性	完全隔离，更安全	进程级别隔离，一定程度安全
性能与资源利用率	性能损耗大、资源利用率低	性能损耗小、资源利用率高

1.1.25 保障系统高可用的一般方法

> **面试官提问**
>
> - 提到稳定性保障，你脑海中想到了什么？是GC优化、慢SQL优化、缓存优化、扇出优化，或者单机压测、全链路压测，或者预案降级、限流、熔断，还是监控、报警？

重大项目稳定性保障的一般步骤可按图 1-65 来考虑。

需求评审	开发阶段	系统优化	稳定性保障
1. 需求背景 2. 明确系统容量 3. 确定流量模型 4. 需求价值追踪	1. 抽象复用 2. 设计模式 3. 业务解耦 4. 幂等重试 5. 线程安全 6. 异常处理	1. 依赖反转 2. 依赖扇出 3. 索引优化 4. 大/热点key 5. 缓存穿透 6. GC 优化	1. 依赖治理 2. 链路压测 3. 流控 4. 监控报警 5. 降级熔断 6. 故障注入演练 7. 故障预案

图 1-65　重大项目稳定性保障的一般步骤

总的来说：

- 明确核心功能系统容量、瓶颈点。
- 提前预估系统的流量模型、日常、热点事件以及活跃周期。
- 预期内和预期外对系统的控制能力。

具体来讲：

（1）在需求评审阶段，与产品和运营讨论需求的背景、意义、价值，追问需要的系统容量（TPS），确定需求上线后的日、周、月的周期性流量模型。

（2）在项目开发阶段，注意线程安全、幂等重试、异常处理，保证功能的完整性、正确性。使用合理的设计模式、抽象复用来保证系统的可扩展性，使用合理的领域划分与系统解耦来保证资源隔离，避免风险传播。

（3）在系统优化阶段，关注系统瓶颈点，比如是否存在依赖反转（高优先级服务依赖低优先级服务），是否存在烂 SQL、热点 key、大 key、缓存穿透，以及潜在的 GC 问题。

（4）最后进行全链路压测，探查系统容量峰值，根据压测结果设置合理的限流熔断阈值和服务降级策略，做好监控报警。必要的话可执行故障注入，观察系统表现，进行故障预案演练。

1.1.26 伪共享

> **面试官提问**
> - 什么是伪共享（false sharing）？
> - 如何避免伪共享？
> - 数组的访问速度为什么比链表更快一些？
>   在你的代码实现中会不会考虑伪共享问题？你阅读的哪些框架有特别关注到伪共享问题？
> - 伪共享是发生在多线程并发执行情况下的一种性能问题。

由于 CPU 运算速度与内存读写速度不匹配，因此引入 CPU 高速缓存来解决该问题。CPU 高速缓存分为 L1、L2、L3 级，多级缓存架构如图 1-66 所示。

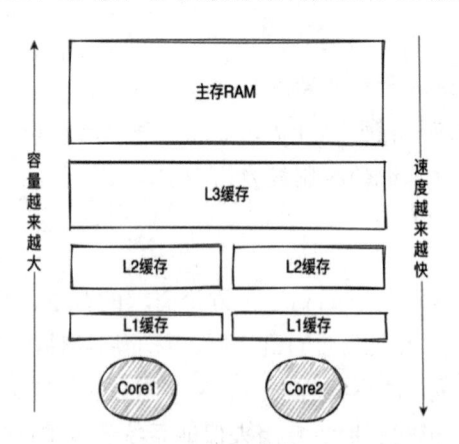

图 1-66　CPU 多级缓存 L1、L2、L3

从 L1 到 L3 再到 RAM，访问速度越来越慢，但存储容量越来越大。L1、L2 被单核独享，L3 被 CPU 的所有核共享。当 CPU 访问数据时，由近及远先从 L1 上加载，若 L1 上数据不存在则访问 L2，L2 上数据依然不存在则继续访问 L3，直至 RAM，甚至硬盘。

CPU 以缓存行为单位读取数据，一个缓存行的大小一般为 64 字节，即使 CPU 只需要读取 1 字节数据，也要读取包含该数据的整个缓存行。顺便说明一下，数组中的数据一般是连续存储的，访问时相邻元素可能被高速缓存，因此数组的访问速度比链表更快一些。

如图 1-67 所示，变量 V1 和 V2 在同一个缓存行中，两个线程并行运行在 Core1 和 Core2 上，假设 Core1 修改 V1，Core2 读取 V2，当 Core1 修改完成后，Core2 对应缓存行失效，Core2 读取 V2 时仍然需要，因为自己不关心的数据变更而重新加载整个缓存行，影响了自己的访问性能。更糟糕的场景是，两个线程同时修改 V1 和 V2，Core1 上的线程对 V1 执行写操作会导致 Core2 对应的缓存失效，Core2 上的线程对 V2 执行写操作会导致 Core1 对应的缓存失效，写与写之间的互相影响导致对方缓存失效，数据再次访问时需要经过 CPU 三级缓存。开头说引入 CPU 高速缓存是为了解决 CPU 运算速度与内存读写速度不匹配的问题，但从这些场景来看并没有高效利用高速缓存。这就是 CPU 缓存伪共享问题，常常使用缓存行填充来解决伪共享问题。

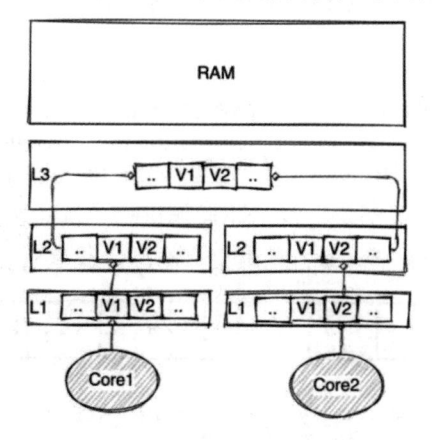

图 1-67 缓存行带来伪共享问题

1.1.27 Caffeine 缓存高性能分析

面试官提问

- Caffeine是怎么统计词频的？
- 为什么Caffeine缓存命中率高？
- 为什么Caffeine缓存读写速度快？

缓存在日常开发中被广泛使用，Caffeine 是目前为止命中率最高、读写速度最快的高性能缓存框架，下面逐一说明它的独特设计。

1. Caffeine缓存淘汰策略采用W-TinyLFU，缓存命中率显著提高

缓存淘汰算法主要有 LRU 和 LFU 两种，Caffeine 作者设计了 W-TinyLFU 缓存淘汰策略，解决了 LRU 和 LFU 算法的不足。Caffeine 的优点可通过表 1-4 来了解。

表 1-4 缓存淘汰策略算法对比

缓存淘汰策略	优　　点	缺　　点
LRU	时间敏感、适用于突发流量	缓存命中率低
LFU	命中率高	维护频率信息浪费内存、时间不敏感
W-TinyLFU	兼并 LRU 与 LFU 两者的优点，展开来说，W 是指基于 LRU 策略的窗口缓存，适用于突发流量。Tiny 是指采用 Count-Min Sketch 数据结构来统计 key 频次，权衡了内存消耗和频次统计精度，能够允许缓存主体使用 LFU 策略淘汰缓存，从而保证了缓存命中率	

2. Caffeine统计词频采用count-min-sketch方法，节省内存

就统计词频方面来看，Caffeine 统计词频时会对 key 进行哈希得到 index，然后在对应位置上加 1，每个 key 一般都要重复上述操作进行多次哈希。查询时取最小频次作为预估值。count-min-sketch 统计词频的思想来自布隆过滤器，如图 1-68 所示。

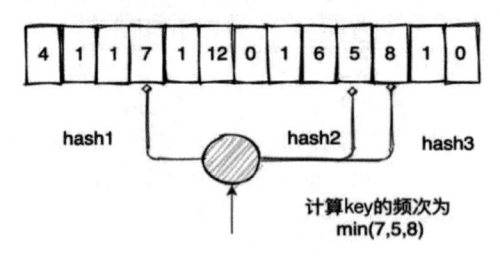

图 1-68　count-min-sketch 统计词频

count-min-sketch 统计词频的方法牺牲了统计的精确性，节省了内存空间。占用空间越小，hash 碰撞越严重，频次统计误差越大。

3. Caffeine保鲜机制，淘汰历史热点key

Caffeine 有一个保鲜机制（Freshness Mechanism）：当整体的统计计数（当前所有记录的频率统计之和）达到某一个值时，所有记录的频率均除以 2。这样可以解决历史

热点 key 占用内存的问题，即删除过往频率很高但之后不经常访问的缓存，同时对新 key 的接纳十分友好。

4. Caffeine窗口缓存，提高突发流量的缓存命中率

Caffeine 通过测试发现，TinyLFU 在面对突发性的稀疏流量（Sparse Bursts）时表现很差，因为 TinyLFU 算法在新的记录（New Items）还没来得及建立足够的频率之前就被删除了，这就使得命中率不高。通过设计名为 Window Tiny LFU（W-TinyLFU）的策略解决了这个问题。如图 1-69 所示，Caffeine 将整个内存空间划分为两个部分，即窗口缓存（window cache）和主缓存（main cache），窗口缓存的大小初始为总缓存大小的 1%，主缓存的大小为总缓存大小的 99%。窗口缓存采用 LRU 淘汰策略而没有任何接纳策略，主缓存使用 SLRU 淘汰策略和 TinyLFU 接纳策略，因此窗口缓存可以应对突发流量。

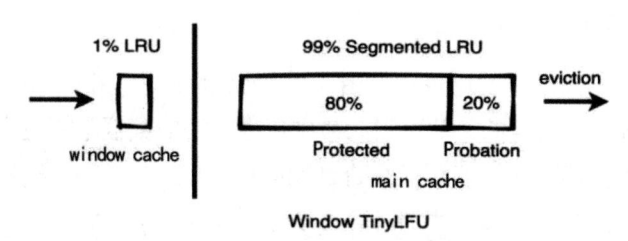

图 1-69　Caffeine 引入窗口缓存应对突发流量

5. Caffeine缓存驱逐与淘汰策略

缓存空间一般是有限的，无法将所有的缓存 key 都写入内存，在合适的时机选择合理的 key 进行淘汰是必要的，缓存的过期时间与淘汰策略又直接影响缓存访问的命中率，下面详细介绍 Caffeine 缓存 key 的过期时间和淘汰策略。

1）基于缓存空间大小驱逐缓存

窗口缓存占用总缓存大小的 1% 左右，主缓存占用 99%。Caffeine 可以根据工作负载特性动态调整窗口缓存和主缓存的比例。主缓存内部包含两个部分，一部分为 Protected 区域，存储热数据，占用主缓存 80% 空间；另一部分是 Probation 区域，存储冷数据，占用主缓存 20% 空间。缓存淘汰的过程：新添加的数据首先放入窗口缓存中，如果窗口缓存满了，则把窗口缓存淘汰的数据转移到主缓存 Probation 区域中。如果这时主缓存也满了，则从主缓存的 Probation 区域淘汰数据，把这条数据称为受害者，从窗口缓存淘汰的数据称为候选人。接下来候选人和受害者通过 TinyLFU 记录的访问频率来决定去留，如图 1-70 所示，具体过程如下：

（1）如果候选人的频率大于受害者的频率，则淘汰受害者。
（2）如果候选人的频率小于或等于 5，则淘汰候选人。
（3）其余情况随机删除。

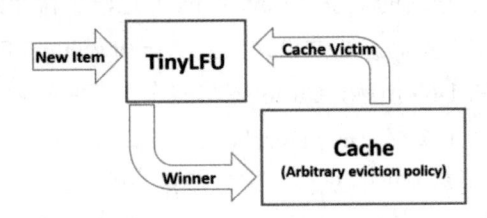

图 1-70　窗口缓存淘汰的候选人和主缓存淘汰的受害者通过 TinyLFU 决定去留

2）指定时间后缓存过期

缓存 key 过期时间固定的场景：如图 1-71 所示的先进先出（FIFO）双端队列，由于所有 key 过期时间是固定的常数，因此最先放进队列的数据最先过期，处理过期数据时，只需要从队列头部依次检查缓存是否过期即可。

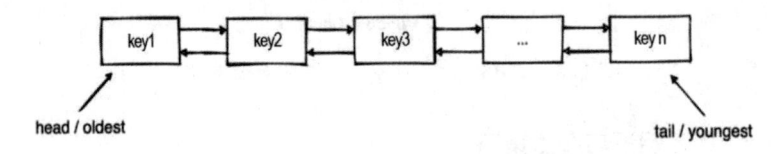

图 1-71　利用 FIFO 双端队列实现缓存 key 固定时间过期

缓存 key 任意时间过期的场景：每个缓存项过期时间不一致，采用经典时间轮（TimingWheel）的方式实现缓存 key 任意时间过期，在消息队列、RPC 框架等中间件中都存在它的应用。以单层时间轮为例，假设时间轮中有 16 个槽位，每个槽位代表 1s，假设现在有 3 个任务，分别是任务 A（1s 后运行）、B（5s 之后运行）、C（17s 之后运行），则这 3 个任务在时间轮所处的槽位如图 1-72 所示，可以看到任务 A 被放到了槽位 3，任务 B 被放到了槽位 7，任务 C 被放到了槽位 3 对应的链表。当时间轮转动到对应的槽时，就会从槽中取出任务并判断是否需要执行。同时可以发现有一个剩余周期的概念，这是因为任务 C 的执行时间为 17s 后，超过了时间轮的周期 16 秒，所以可以标记它的剩余周期为 1。当时间轮第一次转动到它的位置时，发现它的剩余周期为 1。表示还没有到要处理的时间,将剩余周期减 1,时间轮继续转动;当下一次转动到 C 任务位置时,发现剩余周期为 0,表示到了需要处理该定时任务的时间。

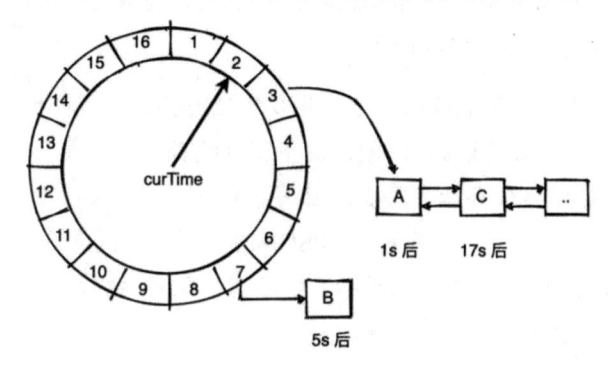

图 1-72 时间轮实现任意时间过期的缓存 key

一般来说,时间轮底层是一个环形数组,而数组中每个元素都存放了一条链表,链表中封装了很多延时任务。当然时间轮可以设计多层结构。时间轮的优点是可以使用一个线程驱动指针旋转,监控很多的定时任务是否到期;缺点是时间精度由最小时间间隔确定,图 1-72 举例是 1 秒。

留一个小问题:具体任务能否使用驱动指针移动的线程来执行?

3)弱引用淘汰策略

垃圾回收器一旦发现了只具备弱引用的对象,无论当前内存空间是否足够,都会回收它的内存。弱引用能够和一个引用队列联合使用,若是弱引用所引用的对象被垃圾回收,则 Java 虚拟机就会把这个弱引用加入与之关联的引用队列中,Caffeine 异步线程清理引用队列,代码段如图 1-73 所示。

```
void drainKeyReferences() {
  if (!collectKeys()) {
    return;
  }
  Reference<? extends K> keyRef;
  while ((keyRef = keyReferenceQueue().poll()) != null) {
    Node<K, V> node = data.get(keyRef);
    if (node != null) {
      evictEntry(node, RemovalCause.COLLECTED, now: 0L);
    }
  }
}
```

图 1-73 Caffeine 异步线程清理引用队列

6. Caffine读写速度为什么这么快

Caffeine 分别使用 RingBuffer 和 MPSC 来记录读、写事件，然后异步处理缓存维护性的工作，实现高性能，如图 1-74 所示。

- 利用写日志先行（WAL）的思想，异步处理缓存读或写操作后繁复的维护工作，比如统计频次、缓存key的过期、调整窗口缓存的大小等。
- Caffeine作者认为缓存读多写少，且写事件比读更重要，因此使用RingBuffer数组来记录缓存读事件，使用单个MPSC队列记录缓存写事件，并且写入Ringbuffer的数据允许丢失，但MPSC队列满了以后同步阻塞，执行写缓存后的维护性任务。MPSC和RingBuffer均基于数组，利用CAS避免锁竞争，利用缓存行的填充避免伪共享，从而保障了整体的高性能。

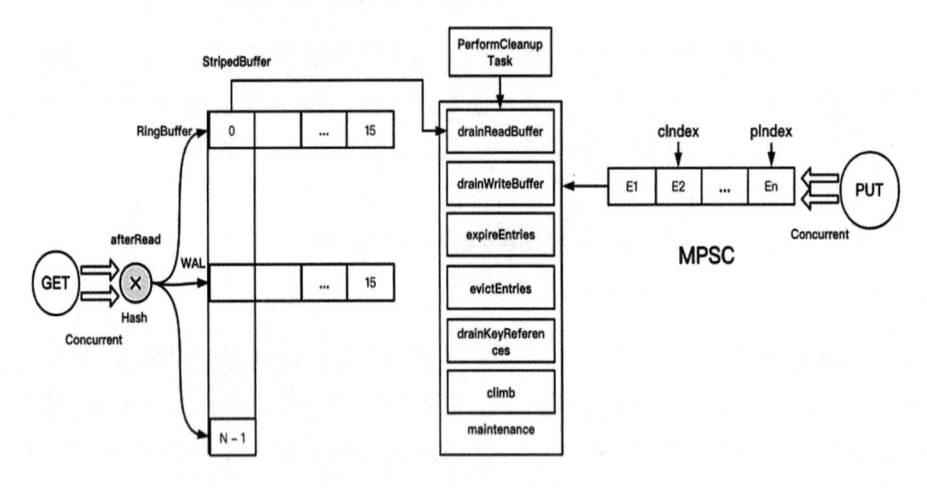

图 1-74 Caffeine 异步处理缓存读写后的维护工作

1.1.28 请自我介绍一下

面试官常要求面试人员做自我介绍，因此，面试人员在面试之前一定要做好准备。建议在面试前打好腹稿，做到言简意赅、语速和缓、思路清晰。自我介绍一般包含以下信息：

（1）姓名与学校，很有可能面试官是你的校友。

（2）专业与学术成果：论文、专利或者专著，在核心期刊上发表论文还能够加分。

（3）实习/工作经历，大厂履历会让面试官将对你的认识和评价放到一个新的标准里。

（4）自己的项目，一般按照以下步骤展开，后续有专门章节详细展开说明。

- 背景
- 项目领域划分与自己的位置
- 挑战
- 取得的可以量化的结果
- 不足之处与待改进的地方

仅凭面试很难完全准确地判断求职者的能力与价值，面试官往往还会参考一些硬核指标，比如学历背景、大厂履历、高优绩效、核心期刊。这些指标在你的自我介绍中应该突出展现出来，想象一下，求职者是南京大学的研究生，在校期间发表过一篇 KDD·CUP（国际知识发现和数据挖掘竞赛）论文，在亚马逊实习过一段时间，那么这位求职者接下来的面试过程可能就不那么重要了。

1.2 数据库

本节介绍关于数据库的高频面试题目，主要包含以下内容：一次 SQL 查询的执行过程，binlog 的类型、作用与使用场景，事务两阶段提交，B+树索引，存储引擎、事务 ACID 的特性及实现原理，事务的隔离级别及如何解决脏读、不可重复读、幻读问题，多版本并发控制 MVCC，数据库锁（行锁、表锁、乐观/悲观锁），索引优化，MySQL 高可用架构，数据库缓存，索引下推，索引覆盖，数据库热点更新等。

1.2.1 一次 SQL 查询的执行过程

面试官提问

- SQL查询执行的流程是怎样的？

SQL 查询操作的一般流程如图 1-75 所示。

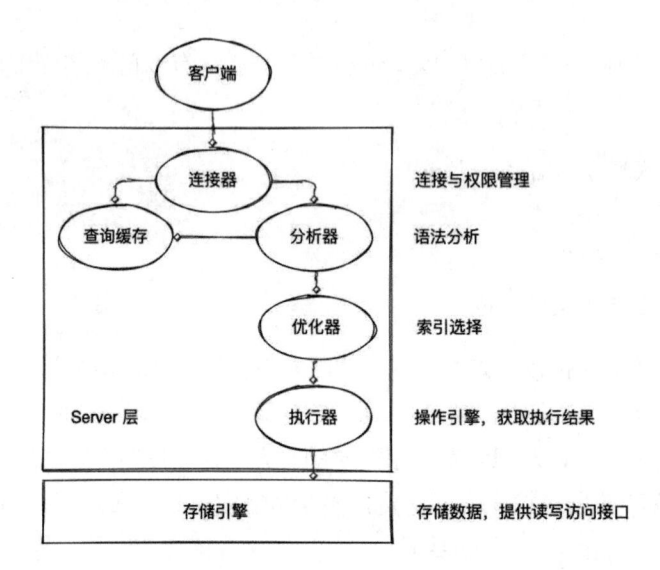

```
                    ┌─────────┐
                    │  客户端  │
                    └────┬────┘
                         │
                    ┌────┴────┐
                    │  连接器  │      连接与权限管理
                    └────┬────┘
              ┌──────────┼
         ┌────┴───┐  ┌───┴────┐
         │查询缓存│  │ 分析器 │      语法分析
         └────────┘  └───┬────┘
                         │
                    ┌────┴────┐
                    │  优化器 │      索引选择
                    └────┬────┘
                         │
    Server 层       ┌────┴────┐
                    │  执行器 │      操作引擎，获取执行结果
                    └─────────┘

                    ┌─────────┐
                    │ 存储引擎 │     存储数据，提供读写访问接口
                    └─────────┘
```

图 1-75　SQL 执行过程

具体步骤如下：

步骤 01 连接器负责与客户端建立并管理连接、获取权限等。

步骤 02 查询缓存，执行过的语句及其结果可能会以键值对的形式缓存在内存中，key 是查询语句，value 是查询结果；若查询命中缓存则直接返回。如果表发生变化，那么和该表相关的所有缓存数据都将失效，因此只有数据更新不频繁的静态配置表才开启查询缓存。

步骤 03 分析器进行语法分析，判断 SQL 是否满足 MySQL 语法。

步骤 04 优化器选择索引，或者在多表关联时决定各个表的连接顺序，以此获取较好的查询性能。

步骤 05 执行器通过存储引擎的接口获取数据。

1.2.2　binlog 日志备份的 3 种模式

面试官提问

- MySQL binlog 日志备份有哪 3 种模式？
- binlog 的作用是什么？

MySQL 的 binlog 日志备份有 3 种模式：基于行的复制（Row-Based Replication，RBR）、基于 SQL 语句的复制（Statement-Based Replication，SBR）和混合模式复制（Mixed-Based Replication，MBR)，分别说明如下：

1. RBR

日志记录了每一行数据被修改的细节，然后在 Slave 端对数据进行同样的修改，RBR 模式可能会产生大量的日志。

2. SBR

记录每一条修改数据的 SQL，Slave 端解析出和 Master 端相同的 SQL 后执行。由于不记录每一行数据的变化，因此产生的 binlog 日志量较少。但为了让 SQL 在 Slave 端执行的效果和 Master 相同，因此必须记录每条语句在 Master 端执行时的上下文信息。

3. MBR

MBR 模式是 RBR 和 SBR 两种模式的结合，根据执行的具体 SQL 来区分对待记录日志的形式，比如表结构变更以 SBR 模式来记录，update、delete 等 SQL 语句一般以 RBR 模式记录。

1.2.3 事务的两阶段提交

面试官提问

- 事务的两阶段提交的执行过程是怎样的？
- 两阶段提交存在的问题有哪些？

事务就是定义的一系列数据库操作，这些操作要么全部执行，要么全部不执行，是不可分割的。两阶段提交协议（Two-Phase Commit，2PC）用于分布式系统保证数据的一致性，该协议将一个分布式的事务分成两个阶段：投票阶段（Voting phase）和提交阶段（Commit Phase）。

1. 投票阶段

协调者发送事务执行请求给所有参与者，参与者根据事务在本地执行成功或者失败的结果回复同意或取消。

2. 提交阶段

协调者可能收到 3 种事务执行结果：

- 所有参与者成功执行事务。
- 部分参与者执行事务失败。
- 协调者等待超时。

如果所有参与者成功执行事务，那么协调者将向所有参与者发送事务提交的通知，参与者提交事务并返回执行结果，整体执行流程如图 1-76 所示。

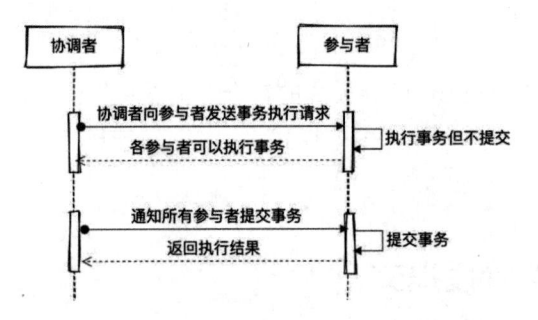

图 1-76 事务的两阶段提交的正常执行流程

如果部分参与者执行事务失败或者协调者等待超时，那么协调者向所有参与者发送事务回滚通知，参与者执行回滚操作、释放资源，并将执行结果返回给协调者，整体执行流程如图 1-77 所示。

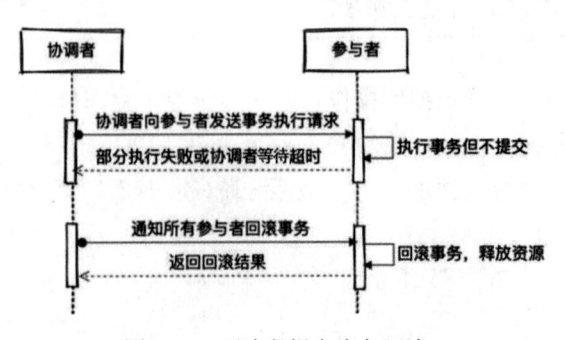

图 1-77 两阶段提交事务回滚

1.2.4 二叉搜索树、平衡树、红黑树、B树、B+树的区别

面试官提问

- 请给出二叉搜索树、平衡树、红黑树、B树、B+树的定义，特别是红黑树的5条性质。
- 请说明二叉搜索树、平衡树、红黑树、B树、B+树之间的区别和各自的优缺点，特别是红黑树相比于BST和AVL树有什么优缺点？
- 二叉搜索树、平衡树、红黑树、B树、B+树读、写时间复杂度各是多少？特别是红黑树的操作时间复杂度是多少？
- 分别说明二叉搜索树、平衡树、红黑树、B树、B+树的使用场景。
- 数据库索引为什么使用B+树而不是红黑树？
- 为什么B+树比B树更合适用作数据库索引？

1. 二叉搜索树

二叉搜索树（见图1-78）的定义需满足以下3点：

- 对于任意节点，若左子树不为空，则左子树的值均小于根节点的值。
- 对于任意节点，若右子树不为空，则右子树的值均大于根节点的值。
- 任意节点的左右子树也分别是二叉搜索树。

二叉搜索树　　　　　　退化为线性链表

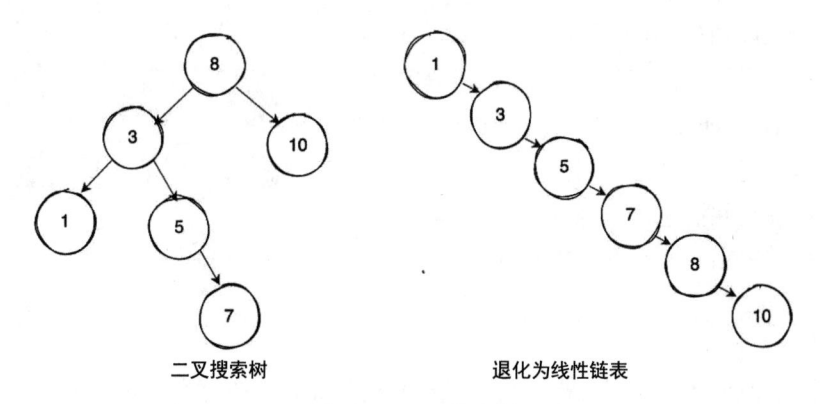

图1-78　二叉搜索树

查询二叉搜索树的平均时间复杂度是 O(log$n$)；如图 1-78 所示，一些场景下二叉搜索树会退化为线性链表结构，查询时间复杂度为 O(n)，因此，在二叉搜索树的基础上出现了 AVL 树（平衡二叉树）。

2. AVL树

AVL 是平衡二叉树，它的所有节点的左、右子树高度差不超过 1，如图 1-79 所示。由于插入和删除元素都需要通过旋转来维护树的平衡性，因此旋转操作付出的代价甚至比查询获得的收益还大，基于这个问题又出现了红黑树。

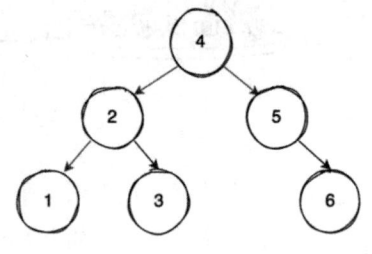

图 1-79　平衡二叉树

3. 红黑树的特点

红黑树需要满足以下条件：

- 根节点是黑的。
- 每个节点非红即黑。
- 叶子节点是黑的。
- 如果一个节点是红的，那么它的子节点一定是黑的。
- 对于任意节点，它到叶子节点的所有路径上都包含相同数目的黑节点。

红黑树的示例如图 1-80 所示。

红黑树是一种弱平衡二叉树，相对于 AVL 树来说，维护红黑树的上述特性旋转的次数较少，但查询时间复杂度依然为 O(log$n$)，因此红黑树应用广泛，比如 HashMap 底层数据结构就引入红黑树来加快查询速度，IO 多路复用的 epoll 实现也采用红黑树来管理文件描述符。但红黑树相对于多路查找树而言树高较高，不适合用作数据库的索引。

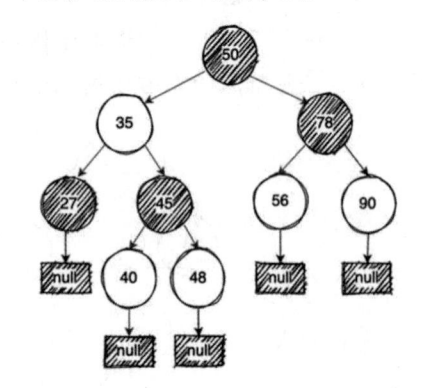

图 1-80　红黑树

4. B树

B 树是一种平衡多路查找树，与二叉搜索树相比，B 树每个节点有多个分支；与红黑树相比，相同数量的节点 B 树的高度远小于红黑树的高度。B 树示意图如图 1-81 所示。一棵 M 阶 B 树的性质如下：

- 每个节点至多有M棵子树。
- 若根节点不是叶子节点,那么根节点的儿子数为[2,M]。
- 除根节点和叶子节点外,其他每个节点的儿子数为[M/2,M]。
- 非叶子节点的关键字:K[1],K[2],...,K[M-1];且K[i]<K[i+1]。
- 非叶子节点的指针:P[1],P[2],...,P[M]。其中P[1]指向的关键字小于K[1],P[M]指向的关键字大于K[M-1],其他P[i]指向的关键字属于(K[i-1],K[i])。
- 所有叶子节点位于同一层。

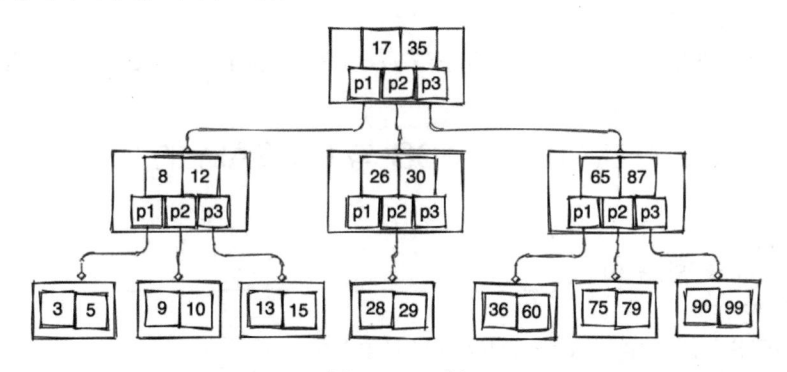

图1-81 B树

5. B+树

B+树是B树的演进,示意图如图1-82所示。

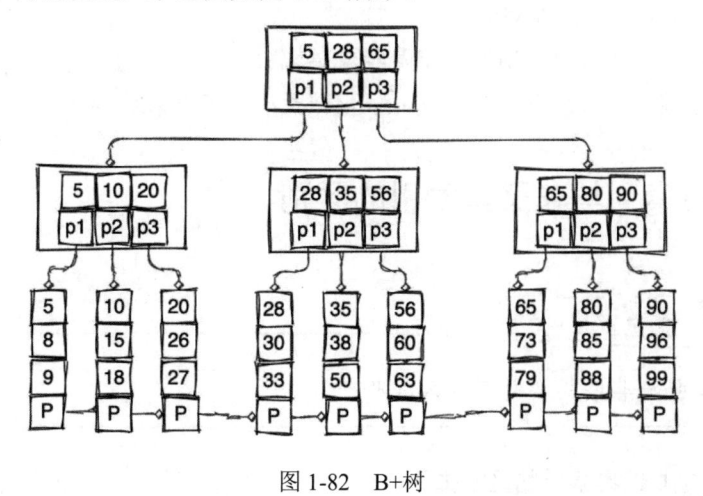

图1-82 B+树

与B树相比,B+树有以下两个核心不同点:

- 叶子节点间存在一个链表指针。
- 所有关键字都在叶子节点出现，非叶子节点是叶子节点的索引，叶子节点相当于是存储数据的数据层。

因此，B+树相对于 B 树来说，更适合用作数据库索引：

- B+树内部节点是叶子节点的索引，不存放真正的数据，树高更低，IO 次数更少。
- B+树对关键字的查询都会走一条从根到叶子节点的路径，路径长度相同，查询性能稳定。
- B+树所有叶子节点通过横向指针形成了一个有序链表，便于基于范围的查询。

1.2.5 MySQL 存储引擎 InnoDB 与 MyISAM 的区别

- InnoDB 存储引擎与 MyISAM 有什么区别？

MySQL 有多种存储引擎，包括：MyISAM 和 InnoDB 等。两者的主要区别如下：

- InnoDB 支持事务，MyISAM 不支持事务。
- InnoDB 支持外键，MyISAM 不支持。
- InnoDB 是聚集索引，MyISAM 是非聚集索引。
- InnoDB 锁最小粒度是行锁，MyISAM 锁最小粒度是表锁。

1.2.6 聚集索引与非聚集索引的区别

- 聚集索引与非聚集索引有什么区别？

聚集索引与非聚集索引的区别如下：

（1）每张表只能有一个聚集索引，可以有多个非聚集索引。

（2）聚集索引的叶节点就是数据节点，非聚集索引的叶节点仍然是索引，存在一个指针指向对应的数据块。

（3）聚集索引键值的逻辑顺序决定了相应行的物理存储顺序，非聚集索引的逻辑顺序与磁盘上行的物理存储顺序不同。

1.2.7 数据库事务的 4 大特性

面试官提问

- 请介绍一下事务的4大特性。
- 数据库事务的ACID靠什么来保证？

ACID 是事务的 4 大特性，详细说明如下：

1. 原子性（Atomicity）

原子性是指一个事务不可分割，事务中的操作要么都做，要么都不做。其实现原理是：事务执行前，MySQL 会将更新前的数据保存到 undo 日志中，如果事务执行失败，就可以利用 undo 日志进行回退。

2. 一致性（Consistency）

一致性是指在保证原子性、持久性和隔离性的基础上，数据库的完整性约束没有被破坏，事务执行前后都是合法的数据状态。

3. 隔离性（Isolation）

隔离性是指事务的内部操作与其他事务是隔离的，并发执行的各个事务之间不能互相干扰。当数据库有多个事务同时执行时，可能出现脏读、不可重复读、幻读的问题，不同的事务隔离级别可以解决对应的问题。

- 一个事务写操作对另一个事务写操作的影响：锁机制保证隔离性。
- 一个事务写操作对另一个事务读操作的影响：MVCC保证隔离性。

事务隔离级别与 MVCC 在后面会展开解释。

4. 持久性（Durability）

事务一旦提交，事务的状态就会被持久化在数据库中，理论上任何故障都不应该对本次事务的修改有任何影响。

为了避免每次读写数据库都产生随机 IO，InnoDB 为 MySQL 提供了缓冲池（Buffer Pool），读取数据时先从 Buffer Pool 读取，数据不存在则从磁盘读取后再写入 Buffer Pool；数据写入时先写入 Buffer Pool，Buffer Pool 中的数据定期刷盘。Buffer Pool 提升了数据库的读写性能，但数据库一旦宕机，Buffer Pool 中缓存的数据若未刷盘就会丢失。为了保证事务的持久性，所有对数据的修改先写入 redo log，再更新到 Buffer Pool。如果 MySQL 宕机，重启时可以读取 redo log 对数据进行恢复。

1.2.8　事务隔离级别与脏读、不可重复读、幻读

> **面试官提问**
> - 介绍一下数据库事务的4种隔离级别。
> - 什么是脏读、不可重复读与幻读。
> - 什么是读未提交、读已提交、可重复读、串行化，以及它们解决了什么问题？

数据库事务有 4 种隔离级别：读未提交（Read Uncommitted，RU）、读已提交（Read Committed，RC）、可重复读（Repeatable Read，RR）、串行化（Serializable）。低事务隔离级别通常可以执行更高的并发，但容易产生不符合预期的脏数据。高事务隔离级别可以保证数据的完整性和一致性，但对并发性能有较大影响。下面给出 4 种隔离级别的定义：

- 读未提交：该隔离级别下，一个事务在执行过程中可以看到其他未提交的事务操作。
- 读已提交：该隔离级别下，一个事务只能看见已提交事务所做的改变。
- 可重复读：MySQL默认的隔离级别，该隔离级别下，保证在同一个事务中多次读取同样记录的结果是一致的。
- 串行化：最高的隔离级别，强制事务串行执行。

4 种隔离级别及其存在的问题如表 1-5 所示。

表 1-5　事务隔离级别对应存在的问题

隔离级别	脏　读	不可重复读	幻　读
读未提交（Read Uncommitted，RU）	可能出现	可能出现	可能出现
读已提交（Read Committed,RC）	不会出现	可能出现	可能出现
可重复读（Repeatable Read,RR）	不会出现	不会出现	可能出现
串行化（Serializable）	不会出现	不会出现	不会出现

对脏读、不可重复读和幻读的解释如下：

1. 脏读

在当前事务（A）中可以读到其他事务（B）未提交的数据，这种现象是脏读，如表 1-6 所示。

表 1-6　两个事务交替执行出现脏读

时间顺序	事务 A	事务 B
T1	开始事务	开始事务
T2		修改主播李四的金币余额，1000→2000
T3	查询李四的金币，结果为 2000，出现脏读	
T4		提交事务

2. 不可重复读

在事务 A 中先后两次读取同一条记录但结果不一样，这种现象称为不可重复读，如表 1-7 所示。

表 1-7　两个事务交替执行出现不可重复读

时间顺序	事务 A	事务 B
T1	开始事务	开始事务
T2	查询主播李四金币，结果 1000	
T3		修改主播李四金币，1000→2000
T4		提交事务
T5	查询李四金币，结果 2000，不可重复读	

脏读与不可重复读的区别在于前者读到的是其他事务未提交的数据，后者读到的是其他事务已提交的数据。

3. 幻读

在事务 A 中按照某个条件前后两次查询，后一次查询看到了前一次查询没有看到的行，这种现象称为幻读，如表 1-8 所示。

表 1-8　两个事务交替执行出现幻读

时间顺序	事务 A	事务 B
T1	开始事务	开始事务
T2	查询主播 id>5000 结果：李四 id=6000	
T3		插入新主播 王二 id=8000
T4		提交事务
T5	查询主播 id>5000 查询结果： 李四 id=6000 王二 id=8000，幻读	

不可重复读与幻读的区别在于前者是数据变了，后者是数据的行数变了。

1.2.9　redo、undo、binlog 数据库日志的作用

> **面试官提问**
> - 谈谈 MySQL 的 3 种核心日志 redo、undo、binlog 及其作用。

1. redo log

为了避免每次读写数据库都会产生随机 IO，InnoDB 为 MySQL 提供了 Buffer Pool，读取数据时先从 Buffer Pool 读取，数据不存在则从磁盘读取后再写入 Buffer Pool；数据写入时先写入 Buffer Pool，Buffer Pool 中的数据定期刷盘。Buffer Pool 提升了数据库的读写性能，但数据库一旦宕机，Buffer Pool 中缓存的数据若未刷盘就会丢失，因此，当数据变更时，还需要记录 redo log，redo log 是预写日志（Write-ahead logging，WAL），所有对数据的修改先写入 redo log，再更新到 Buffer Pool，如果 MySQL 宕机，重启时可以读取 redo log 对数据进行恢复。这里需要说明的是，不同于数据库操作产生的随机读写，写 redo 日志是顺序写，效率极高。因此，记录 redo 日志虽然是磁盘操作但对数据

库整体的读写性能几乎没有影响。

2. undo log

事务执行前，MySQL 会将更新前的数据保存到 undo 日志中，如果事务回滚或者数据库崩溃，可以利用 undo 日志进行回退。undo log 也可以用于实现多版本并发控制（MVCC）。

3. binlog

主从复制，从库利用主库上的 binlog 进行数据回放，实现主从同步。

1.2.10 多版本并发控制

> **面试官提问**
> - 谈谈你对MySQL MVCC的理解，它解决了什么问题？
> - 说一下MVCC的实现原理。

MVCC（Multi-Version Concurrency Control，多版本并发控制）解决了读写不冲突的问题，实现上依赖了 Readview 和 undo 版本链。ReadView 存储当前活跃的读写事务列表，也就是开启但还未提交的事务。通过这个读写事务列表来判断记录的某个版本是否对当前事务可见。在读已提交隔离级别下，每次 SELECT 都会生成最新的 Readview；在可重复读隔离级别下，只在事务第一次 SELECT 时创建一次 Readview。undo 日志记录了数据被修改的历史版本。下面举例解释 MVCC 的工作原理。

图 1-83 展示了读写事务列表的可见区间、临界点。

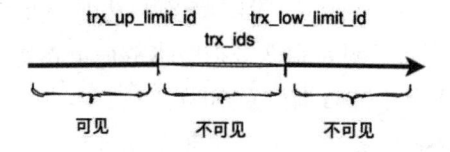

图 1-83 读写事务列表的可见区间及临界点

- trx_ids：ReadView初始化时当前未提交的事务列表。
- trx_up_limit_id：当前已提交的事务id加1，若事务id < trx_up_limit_id，则对于当前ReadView可见。

- **trx_low_limit_id**：当前最大的事务id加1，若事务id ≥ low_limit_id，则对于当前 ReadView 不可见。

假设数据库当前存在一条记录，如表 1-9 所示。

表 1-9　MVCC 版本链初始状态

id	Name	trxId	db_roll_ptr
1	李四-V1	10	上一个版本的指针

有一个事务（trxId = 30）更新 id=1 的记录 name=李四-V2，此时 undo log 版本链如表 1-10 所示。

表 1-10　李四-V2 版本存在指针指向 V1

id	Name	trxId	db_roll_ptr
1	李四-V2	30	上一个版本的指针
1	李四-V1	10	

接着有一个事务（trxId = 100）修改 name = 李四-V3，但事务未提交，此时的版本链如表 1-11 所示。

表 1-11　李四-V3 版本存在指针指向 V2

id	Name	trxId	db_roll_ptr
1	李四-V3	100	上一个版本的指针
1	李四-V2	30	上一个版本的指针
1	李四-V1	10	

现在一个事务 A 查询 id=1 的记录，因为当前活跃的事务 id 列表是 trx_ids = [100]，所以 id = 1 的 V3 版本数据不可见，那么根据版本链往下查找，发现 trx_id = 30 的事务 id 小于 trx_up_limit_id，因此当前查询返回李四-V2 版本。

将事务（trxId = 100）提交，接着一个新的事务（trxId = 110）修改 id=1 的记录 name=李四-V4，但不提交事务，此时版本链如表 1-12 所示。

表 1-12　李四-V4 版本存在指针指向 V3

id	name	trxId	db_roll_ptr
1	李四-V4	110	上一个版本的指针

（续表）

id	name	trxId	db_roll_ptr
1	李四-V3	100	上一个版本的指针
1	李四-V2	30	上一个版本的指针
1	李四-V1	10	

此时事务 A 又执行了一次查询 id = 1 的记录。

若隔离级别为读已提交，则每次查询都会重新生成新的 ReadView，活跃事务列表 trx_ids 更新为[110]，因此查询结果为李四-V3 版本。

若隔离级别为可重复读，则 ReadView 只在事务开启的第一次查询时生成，之后的查询都复用之前的 ReadView，那么活跃事务列表 trx_ids 依然为[100]，因此事务 A 查询的结果是李四-V2 版本。

1.2.11 数据库行锁、表锁、乐观锁与悲观锁

> **面试官提问**
> - 行锁与表锁有什么区别？
> - 什么是记录锁、间隙锁与临键锁？数据库查询命中这些锁的条件是什么？
> - 什么是乐观锁与悲观锁？

1. 行锁

行锁锁住一行或者多行记录。行锁开销大，加锁慢，可能会出现死锁，但锁定粒度小、并发度高。InnoDB 存储引擎默认的事务隔离级别为可重复读，并且在参数 innodb_locks_unsafe_for_binlog = 0 的模式下，行锁有 3 种类型：记录锁（record lock）、间隙锁（GAP lock）、临键锁（next-key lock）。

1）记录锁

记录锁锁住的是某一条记录，记录锁的触发条件是等值查询、命中唯一索引。在读已提交隔离级别下，只有记录锁模式。

2）间隙锁

间隙锁锁住的是一个区间，并且左右都是开区间。在读已提交隔离级别下，不会使用间隙锁，只有当隔离级别是可重复读和串行化时才会存在间隙锁。例如以下 SQL 语句：

SELECT * FROM tName WHERE id BETWEEN 2 and 6 FOR UPDATE;

执行该 SQL，（2，6）整个区间的记录都会被锁住，即 id 为 3，4，5 的数据行插入时会被阻塞。

3）临键锁

临键锁是记录锁和间隙锁的组合，锁住的是索引本身以及索引之前的间隙，是一个左开右闭的区间。在可重复读事务隔离级别下查询非唯一索引时，InnoDB 使用临键锁防止幻读。举个例子，一个索引列 col 包含值 12，13，15 和 22，临键锁的范围如下：

(negative infinity, 12]
(12, 13]
(13, 15]
(15, 22]
(22, positive infinity)
事务 1 select...where col =12 for update;
事务 2 insert into … (… ,col, …)values (… ,11, …);
事务 3 insert into … (… ,col, …)values (… ,13, …);

事务 2 被阻塞，无法插入数据，事务 3 正常执行。

2. 表锁

表锁锁定整张表，锁定期间其他事务不能对该表进行操作。查询非索引字段时一般触发表锁。表锁开销小，加锁快，不会出现死锁，但锁粒度大，并发度低。

3. 数据库的乐观锁与悲观锁

- 悲观锁：数据修改前，假设一定会发生冲突，先尝试为它加锁。
- 乐观锁：假设数据修改不会造成冲突，在数据提交更新时才进行冲突检测。

在低并发场景下，使用乐观锁可以避免加锁开销；在高并发场景下，使用乐观锁会因为数据冲突频繁而导致执行效率变低，该场景下应使用悲观锁。

1.2.12 当前读与快照读

> **面试官提问**
> - 什么是当前读与快照读？

1. 当前读

当前读读取的是最新版本数据，并且对读取的记录加锁，阻塞其他事务同时改动相同记录。比如如下形式的 SQL 属于当前读：

```
select...lock in share mode (共享读锁)
select...for update
```

2. 快照读

快照读读取快照中的数据，不需要进行加锁。快照读通过 MVCC 机制实现，MVCC 作用于读已提交和可重复读这两个隔离级别，这两个隔离级别下的普通 select 操作就是快照读。

- 读已提交隔离级别：事务每次 select 都生成一个最新的 ReadView。
- 可重复读隔离级别：只在开启事务后第一次 select 时生成一次 ReadView。

ReadView 中存储当前活跃着的读写事务列表，也就是开启了但还未提交的事务。通过这个读写事务列表来判断记录的某个版本是否对当前事务可见。

1.2.13 幻读是怎么解决的

> **面试官提问**
> - 什么是幻读？
> - 你了解快照读与当前读吗？幻读为什么只在当前读下才会出现？
> - 怎么解决幻读？

幻读是指一个事务在前后两次查询同一个范围时，后一次查询观察到了前一次查询结果集中没有的记录。假设用户表存在如表 1-13 所示的 4 条记录。

表 1-13　用户表的记录

id	name	age
1	张三	30
2	李四	40
3	王五	50
4	赵六	60

可重复读隔离级别下，事务 A 和事务 B 在不同时刻交替执行，在事务 A 的两次查询之间，事务 B 插入新的记录（id=5），观察事务 A 的两次执行结果，如表 1-14 所示。

表 1-14　事务 A 和事务 B 交替执行（快照读）

时刻	事务 A	事务 B
T1	begin select name from User where id > 2 查询结果：王五、赵六	
T2		begin insert into user values（5，'孙七'，50）
T3		commit
T4	select name from User whereid > 2 查询结果：王五、赵六	
T5	commit	

可以看出，即使事务 B 中途插入一条记录，事务 A 前后两次查询结果依然相同，没有出现幻读现象。这是因为在可重复读隔离级别下，普通的查询是快照读，ReadView 只在事务开启的第一次查询时生成，之后的查询都复用之前的 ReadView，这就使得前后两次查询结果相同。因此，快照读不会出现幻读问题。快照读依赖 MVCC 机制，MVCC 的原理在 1.2.10 节有详细说明。

当前读读取的是最新版本的数据，如果无法阻止其他事务在查询区间范围内插入新的数据，就会出现幻读现象。示例如表 1-15 所示。

表 1-15　事务 A 和事务 B 交替执行（当前读）

事务 A	事务 B
begin select name from User where id > 2 **for update** 查询结果：王五、赵六	

(续表)

事务 A	事务 B
	begin
	insert into user values（5,'孙七',50）
	commit
select name from User where id > 2 **for update** 查询结果：王五、赵六、孙七	
commit	

为了解决幻读问题，引入间隙锁。间隙锁给某一个范围区间加锁，阻止其他事务将新的记录插入该范围区间内，因此也就不会出现幻读了。关于间隙锁的详细说明见 1.2.11 节。

总结：可重复读隔离级别下，快照读依靠 MVCC 机制解决幻读问题，当前读通过间隙锁解决幻读问题。

1.2.14 SQL 索引优化

> **面试官提问**
> - 选择什么样的列作为索引？如何优化索引？
> - 什么是最左前缀匹配原则？
> - 什么是索引覆盖？
> - 自增主键与UUID作为主键，哪个好？
> - 分库分表怎么保证唯一索引？

（1）最左前缀匹配原则：索引查询会一直向右匹配，直至遇到范围查询（>、<、between、like）才停止匹配，这一条的详细解释见 1.2.17 节。

（2）选择区分度高的列作为索引，区分度计算如下：

`count(distinct col)/count(*)`

字段属性值不重复的比例越大，SQL 查询需要扫描的记录数越少。比如，性别与姓名这两个索引字段，姓名的区分度远远高于性别，因此下面 SQL1 的查询性能远好于 SQL2。

`SQL1: Select * from tableName where name = '张三'`

SQL2：Select * from tableName where sex = 'M'

（3）索引列不要参与计算，保持列"干净"。

SQL1：select * from tableName where from_unixtime(createTime) = '2023-01-01'

SQL2：select * from tableName where createTime = unix_timestamp('2023-01-01')

B+树中存储的是数据表中的字段值，SQL1 中的所有元素值经过时间函数处理后才能进行比较，因此 SQL1 无法使用索引，改写成 SQL2 即可。

（4）利用索引覆盖进行查询，避免二次回表，减少 select *的使用。索引覆盖的详细讲解见 1.2.19 节。

（5）建议使用自增主键（不推荐使用 UUID 作为主键），数据的新增会更新 B+树索引，非自增主键在数据插入时可能使节点分裂更频繁。

（6）分库分表在创建唯一索引时（或者查询时）必须带上均衡字段。

分布式数据库数据分区一般采用 Hash 函数+Map 映射的方式实现，如图 1-84 所示。首先根据数据的均衡字段计算出该数据的 Hash 桶位置，然后使用事先定义好的映射表将这个 Hash 桶中的数据映射到数据库节点中。

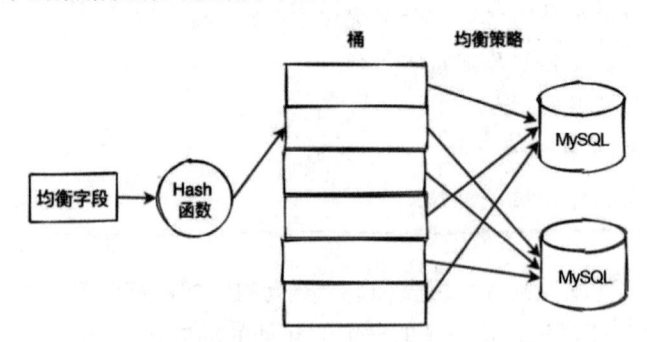

图 1-84　Hash 函数+Map 映射的方式实现数据分表

因此，构建唯一索引必须带上均衡字段才能保证全局唯一，同时 SQL 查询时带上均衡字段才能路由到具体节点进行数据查询，避免读放大。

思考问题：为什么不直接哈希到具体的数据库节点，而是在中间多了一层映射关系呢？

1.2.15 Dao层缓存先更新缓存还是先更新数据库

面试官提问

- 使用缓存怎样保证数据一致性？
- 设计Dao层缓存时，数据库操作先更新缓存还是先更新数据库，哪一种更容易产生脏数据？
- 说明使用DAO层缓存产生脏数据的场景。

由 CAP 原则可知，使用缓存在提高可用性的同时会带来数据不一致的问题，无论先更新缓存还是先更新数据库，都无法保证数据库与缓存实时一致，都有可能产生脏数据。我们往往通过设置缓存过期时间来保证数据最终的一致性，但是先更新缓存再更新数据库更容易产生脏数据。

先更新数据库再更新缓存产生脏数据的场景如图 1-85 所示。

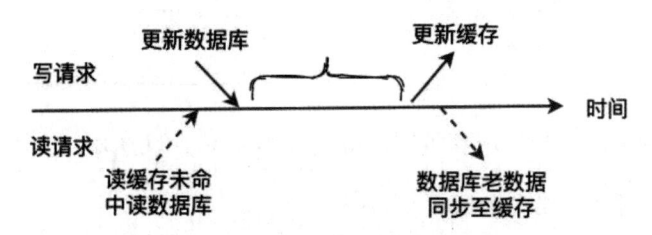

图 1-85 先更新数据库再更新缓存

图 1-85 中涉及两个并发操作，一个是更新操作，另一个是查询操作。查询操作没有命中缓存，于是尝试读取数据库中的数据然后放入缓存；并发写请求更新数据库然后更新缓存，但在写请求完成缓存更新后，读请求才完成缓存回写，于是，缓存中的数据是旧的脏数据。出现这个问题的原因是读操作时间跨度大于写操作时间跨度，一般而言写比读耗时，所以出现该场景的概率较低。

先更新缓存再更新数据库产生脏数据的场景如图 1-86 所示。

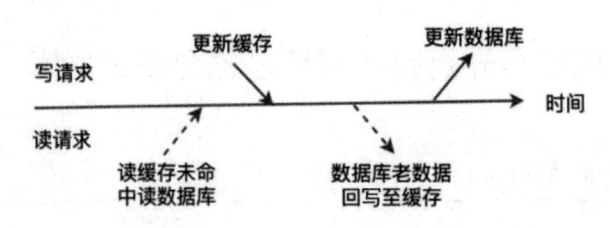

图 1-86　先更新缓存再更新数据库

图中涉及两个并发操作，读请求发现缓存数据不存在，然后查询数据库并回写到缓存中；在读请求回写缓存前来了一个写操作——更新缓存然后更新数据库，写请求更新缓存成功后，之前的那个读操作把旧的数据回写到缓存，覆盖了写请求的缓存，产生了脏数据。

1.2.16　MySQL 高可用架构

面试官提问

- MySQL高可用方案有哪些？
- 主从同步延迟怎么解决？

MySQL 通过主从复制实现高可用，复制过程如图 1-87 所示。

- 主库向从库同步自己的binlog日志。
- 从库的IO线程将binlog日志写入relay log。
- 从库的SQL线程读取relay log并进行数据回放。

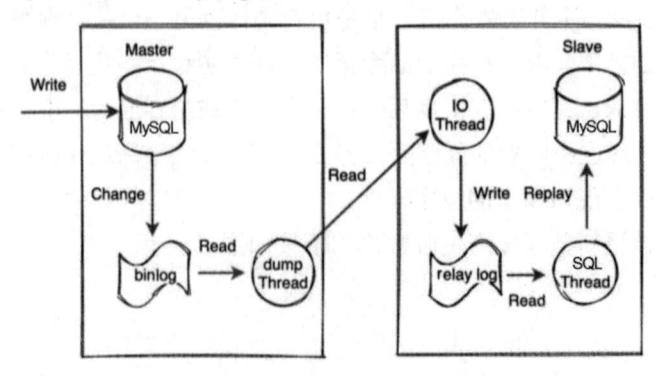

图 1-87　主从复制实现 MySQL 高可用

MySQL 数据复制方案演进路线：异步复制（Asynchronous Replication）到半同步复制（Semisynchronous Replication）和组复制（Group Replication）。

1. 异步复制

主库执行完用户提交的事务后，写入 binlog 日志即可成功返回客户端，如图 1-88 所示。主库只通知 Dump 线程发送 binlog，然后继续处理客户端的请求，它不会保证 binlog 一定传送到任何一个从库上。若主库宕机，则主从切换可能导致新主库上的数据不完整、不一致。

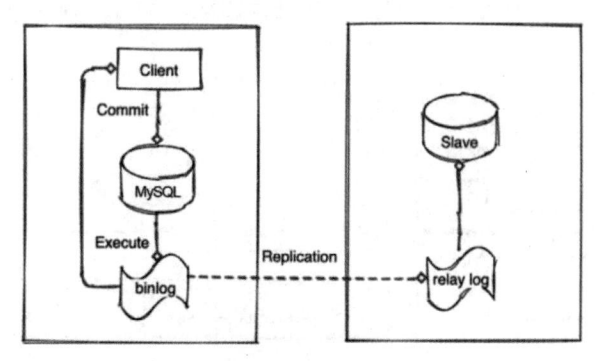

图 1-88　异步复制

2. 半同步复制

主库执行完用户提交的事务后，至少等待一个从库将接收到的 binlog 写入 relay log，并返回给主库 ACK 后，主库才继续处理用户的提交，如图 1-89 所示。半同步复制增强了数据一致性，但也存在一定程度的数据延迟，同时也会影响主库写入性能。

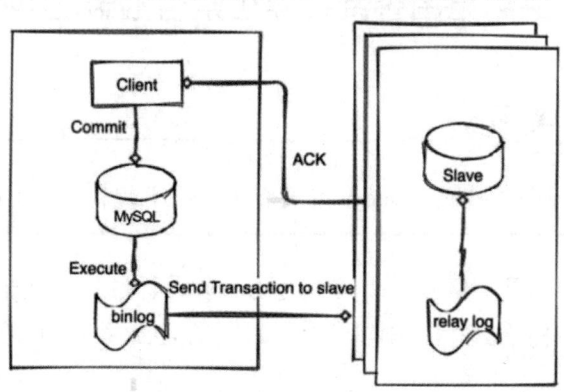

图 1-89　半同步复制

3. 组复制

复制组由多个 server 组成，提交事务在写 binlog 之前会被 MySQL 预设的钩子拦截，进入到 MGR 层，它将事务执行的相关信息打包，通过 Paxos 一致性协议进行全局排序后发送给各 server 节点，超过半数节点响应后，通知所有节点数据包同步成功。各节点独自进行认证（Certify）。若认证通过，则本地节点将数据变更写入自身的 binlog 中，然后在存储引擎层进行提交。异地节点把主库发送过来的 binlog 写入自身的 relay log 中，然后 SQL 线程读取 relay log 进行重放，并把重放的 binlog 写入自身的 binlog，接下来在存储引擎内部进行提交。若认证不通过，则进行回滚。事务整体执行流程如图 1-90 所示。

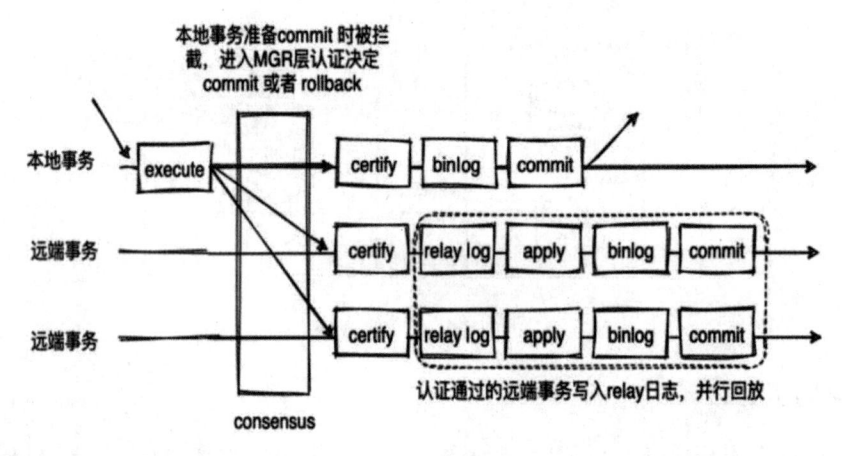

图 1-90 组复制

1.2.17 为什么遇到范围查询会停止索引的最左匹配

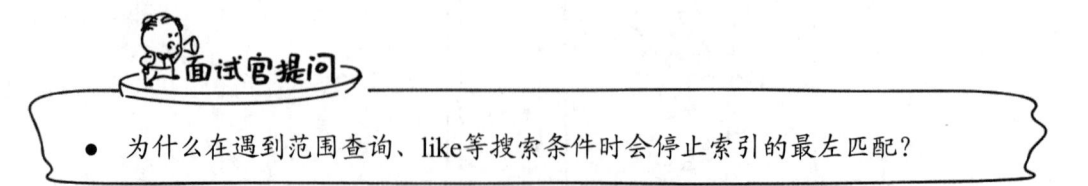

> **面试官提问**
> - 为什么在遇到范围查询、like 等搜索条件时会停止索引的最左匹配？

索引底层数据结构是一棵 B+ 树，在构建 B+ 树时只能根据一个值来构建，而联合索引会依据最左字段来构建 B+ 树，创建一个（a,b）的联合索引，它的索引树如图 1-91 所示。

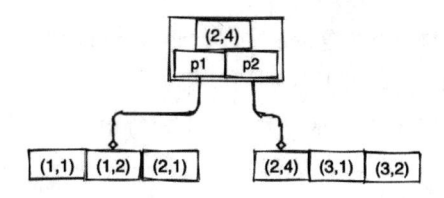

```
              ┌───────┐
              │ (2,4) │
              │ p1 p2 │
              └───────┘
               /     \
   ┌─────────────┐   ┌─────────────────┐
   │(1,1)(1,2)(2,1)│ │(2,4)(3,1)(3,2)│
   └─────────────┘   └─────────────────┘
```

图 1-91 联合索引树

在图 1-91 中，a 值是有序的，即 1，1，2，2，3，3；b 的值是无序的，即 1，2，1，4，1，2；在 a 值确定的情况下，b 又是有序的，比如 a=3 时 b 等于 1，2，是有序的。因此，可以得出如下结论：

- select ... where a=? and b = ?，查询时 a,b 字段都可以使用索引。
- select ... where b = ?，因为联合索引首先是按 a 排序的，只看 b 是无序的，所以这种查询无法使用索引。
- select ... where a>? and b =?，a 字段可以使用索引，但 b 值不可以，因为 a 的值是一个范围，在这个范围内 b 是无序的。

1.2.18 索引下推

- 什么是MySQL的索引下推？

下面通过一个例子来说明什么是索引下推：用户表字段有 id、name、age，联合索引为（name，age）。

```
SELECT * from user where  name like '袁%' and age = 20
```

上述语句的执行过程如图 1-92 所示。

(name ,age)				(id)		
name	age	id	回表	id	name	age
袁某	30	2		1	袁某	20
袁某	20	1		2	袁某	30
王某	30	3		3	王某	30

图 1-92 两次回表完成数据查询

在(name,age)这棵索引树上忽略 age 字段，通过 name 进行查询得到两个结果，id 分别为 2,1，然后根据 id 值回表查询两次获得结果。

MySQL 5.6 版本引入了索引下推，执行的过程如图 1-93 所示。

(name,age)			回表	(id)		
name	age	id		id	name	age
袁某	30	2		1	袁某	20
袁某	20	1		2	袁某	30
王某	30	3		3	王某	30

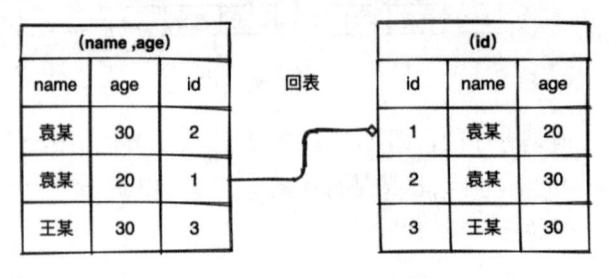

图 1-93 一次回表完成数据查询

此时，不会忽略 age 字段，在索引内部会进一步判断 age 是否等于 20，因此在 (name,age)这棵索引树中只匹配到了一个记录（id = 1），此时只需回表查询一次。

1.2.19 索引覆盖

> **面试官提问**
> - 什么是索引覆盖？

所谓索引覆盖是指 SQL 查询时只需在一棵索引树上就能获取所需的列数据，无须二次回表查询。

假设表有四个字段`id`、`col1`、`col2`、`col3`。

建立的联合索引如下：

```
ALTER TABLE `tableNmae` ADD INDEX `idx_col1_col2`(`col1`, `col2`);
SQL1:SELECT * FROM tableNmae WHERE col1 = xxx ORDER BY col2;
SQL2:SELECT col1, col2 FROM tableNmae WHERE col1 = xxx ORDER BY col2;
```

SQL1 由于 select * 需要查询所有的列，col3 在联合索引上是缺失的，因此只能在联合索引中检索出符合条件的主键 id，然后二次回表查询出所有数据列。

SQL2 在联合索引上即可检索出匹配的数据并返回，无须二次回表查询，这种查询就是索引覆盖。

1.2.20 经典 SQL 语句考察：group by、join、having

> **面试官提问**
> - 根据具体业务场景写出SQL语句。

面试官也会考察求职者的 SQL 功底，主要是针对 group by、having、join 等关键字的使用。下面给出一个经典题目：

有一张学生表 Student(SId,Sname,Sage,Ssex)和一张成绩表 SC(SId,CId,score)，查询平均成绩大于或等于 60 分的同学的学生编号、学生姓名和平均成绩。SQL 语句如下：

```sql
SELECT stu.`SId` 学生编号, stu.`Sname` 学生姓名, AVG(sc.`score`) 平均成绩
FROM Student stu
LEFT JOIN SC sc ON stu.`SID` = sc.`SID`
GROUP BY stu.`SID`, stu.`Sname`
HAVING AVG(sc.`score`) >= 60;
```

此外，面试官有时也会手写一些 SQL，让求职者判断 SQL 使用了什么索引、加了什么锁。

1.2.21 避免数据库热点更新

> **面试官提问**
> - 工作过程中遇到过数据库热点更新吗？举个例子，怎样解决的？

用户在购买商品时一般需要事务完成相关操作，例如扣减商品库存（update）、扣减用户虚拟货币或现金（update）、发放商品（insert）等。上述操作对应的 SQL 语句如下：

```sql
SQL1:update tableName set inventory = inventory -1 where id = ?
SQL2:update tableName set currency = currency - ? where userId = ?
SQL3:insert into tableName (userId,awardId,..) values (?,?)
```

表 1-16 展示了三个数据库事务操作随着并发数的升高对应的执行时间。其中，扣减库存是所用用户同时更改该记录的字段，存在热点更新，SQL 执行时间随着并发数的增加而急剧增加；扣减用户金币或者给用户发放商品是用户维度的操作，不存在热点更新问题，SQL 执行时间稳定在 3~4ms，与用户并发数无关。

表 1-16 并发数与事务执行时间

并 发 数	扣减库存	扣减金币	发放商品
1	3.29ms	3.49ms	3.51ms
2	24.97ms	3.87ms	3.61ms
4	134.33ms	3.96ms	4.36ms
6	216.74ms	3.66ms	3.60ms
8	245.16ms	3.58ms	3.51ms
10	422.34ms	3.78ms	4.09ms

测试结果在不同服务器上会有差异，但趋势是一致的，存在热点竞争的 SQL 执行时间与并发数强相关（落在同一个主键 id 上的并发更新数）。热点更新问题可以通过库存拆分与资源隔离的方式解决，3.1 节会详细介绍。

1.2.22 线上环境如何修改表结构

面试官提问

- 线上环境的情况下如何修改表结构？

MySQL 在进行 alter table 等 DDL 操作时，有时会出现 Waiting for table metadata lock 的情况，后续对表的任何操作都无法进行。对千万数量级的表新增字段或者其他 DDL 操作，如何保证在不影响在线读写的同时完成表结构的修改？

方案一：创建临时表，数据完全同步后重命名表，如图 1-94 所示。

步骤01 创建新的临时表结构 Table A_New。

步骤02 数据同步 A->A_New。

步骤03 待 A 与 A_New 表完全实时同步后重命名表。

```
Table A     -> Table A_Old
Table A_New -> Table A
```

该操作会出现短暂的 Table not found（查找不到表）。

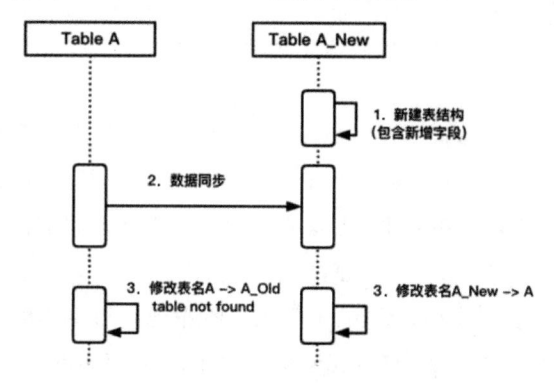

图 1-94　线上环境修改表结构流程

该方案存在的问题是在重命名表的瞬间可能存在数据不一致的情况，具体如图 1-95 所示。

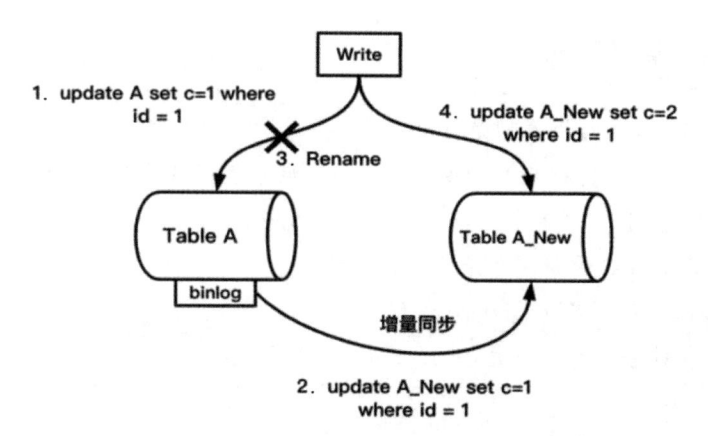

图 1-95　rename table 瞬间可能出现数据不一致

步骤 01　数据写入 Table A，更新 id=1 的记录字段 c 为 1。
步骤 02　binlog 增量同步至 Table A_New，由于延迟导致 SQL 未回放执行。
步骤 03　重命名，线上写操作切换至 Table A_New，更新 id=1 的字段 c 的值为 2。
步骤 04　执行步骤 02 的 SQL，覆盖 c=1，此时出现数据错误。

方案二：通过触发器完成两个表的同步。该方案对写入性能影响很大，仅在强一致性要求高的场景使用。

1.3 Redis

Redis 是由 C 语言开发的一款开源、高性能的键值对内存数据库,为了适应不同场景的存储需求,它支持字符串、列表、有序集合、散列和集合等多种数据类型。Redis 内置了复制、RDB 与 AOF 持久化、Lua 脚本以及 Cluster 集群高可用解决方案。关于 Redis 的高频面试知识点整理如下:Redis 的 5 种基本数据类型及底层数据结构实现、RDB 与 AOF 持久化、主从复制原理、Cluster 集群、哈希槽、过期策略、Gossip 协议、重定向、Pipeline、Redis 为什么这么快、Redis 实现分布式锁、Redis 与 Memcache 的区别等。

1.3.1 Redis 的 5 种基本数据类型及对应底层实现

面试官提问

- Redis的5种基本数据类型是什么?
- 解释一下Redis的5种基本数据类型对应的底层数据结构以及切换条件。
- 你了解SDS吗,与C字符串相比它有什么优点?
- 压缩列表的连锁更新问题是怎么产生的?
- 说明Hash扩容、渐进式rehash过程。
- 说说跳表数据结构、一次查询的过程、时间复杂度。

Redis 的 5 种基本数据类型是 string、list、set、hash 和 sortedset。

表 1-17 给出了 Redis 的 5 种基本数据类型及其对应的底层实现。

表 1-17 Redis 的 5 种基本数据类型及其对应底层实现

Redis 基本数据类型	底层数据结构实现
string	sds
list	ziplist or linkedlist
set	intset or hashtable
hash	ziplist or hashtable
sortedset	ziplist or skiplist

1. Redis底层数据结构之SDS

与 C 字符串相比，SDS 具有以下优点：

- 获取字符串长度的时间复杂度为O(1)。SDS使用len属性维护了本身的长度。
- 避免缓冲区溢出。SDS在修改时先检查空间是否满足需要，若不足则自动将SDS的空间扩展至修改所需的大小。
- 空间预分配与惰性释放减少内存重分配次数。
    - 空间预分配：字符串增长操作需要对SDS空间进行扩展，若SDS修改后的长度小于1MB，则程序分配和len属性同样大小的未使用空间；若SDS修改后的长度大于或等于1MB，则程序只分配1MB的多余空间。
    - 空间惰性释放：当需要缩短SDS保存的字符串时，程序不会立即通过内存重分配来回收字符串缩短后多余的空间，而是使用free属性标记可用空间大小等待将来使用。
- 二进制安全。SDS使用len属性的值而不是空字符来判断字符串是否结束。

2. Redis底层数据结构之压缩列表ziplist

一个压缩列表可以包含任意多个节点（entry），压缩列表各部分组成如图 1-96 所示。

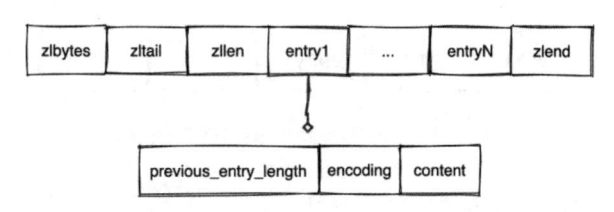

图 1-96 Redis 底层数据结构之压缩列表

图 1-96 中，每个压缩列表节点都由 previous_entry_length、encoding、content 三个部分组成，previous_entry_length 属性以字节为单位，记录了压缩列表中前一个节点的长度。如果前一节点的长度小于 254 字节，那么 previous_entry_length 属性的长度为 1 字节；如果前一节点的长度大于或等于 254 字节，那么 previous_entry_length 属性的长度为 5 字节。虽然压缩列表节省空间，但由于节点的变长，在插入或者更新时可能引起连锁更新问题。

3. Redis底层数据结构之双端链表linkedlist

双端链表的组成如图 1-97 所示。

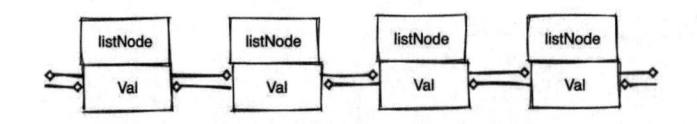

图 1-97 Redis 底层数据结构之双端链表

链表实现的特性：双端无环，相对于压缩列表来说更浪费空间。

4. Redis底层数据结构之快表quicklist

quicklist 是 zipList 和 linkedList 的结合体，它将 linkedList 按段切分，每一段就是一个 zipList，多个 zipList 之间使用双向指针连接起来，如图 1-98 所示。快表是压缩列表和双端列表的折中方案。

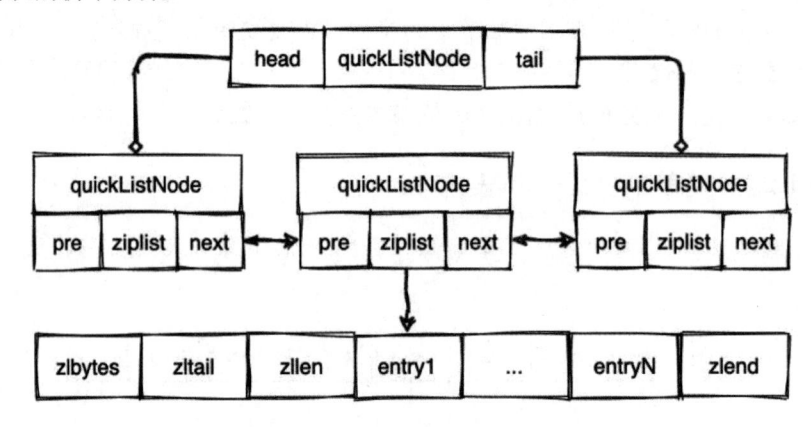

图 1-98 Redis 底层数据结构之快表

5. Redis底层数据结构之整数集合intset

intset 整数集合是一个有序数组，只升级不降级。整数集合的升级规则是，当向一个 int16 类型数组的整数集合添加一个 int64 类型的整数值时，整数集合所有元素都会被转换成 int64 类型。

6. Redis底层数据结构之哈希表hashtable

Redis 的哈希表如图 1-99 所示。Redis 的哈希表使用链地址法来解决冲突，哈希表中的键值对增加或者减少太多可能会触发 rehash。如果执行的是扩容操作，那么新哈希表的大小为第一个大于或等于当前键值对数量×2 的 2^n（2 的 n 次方幂）；如果执行的是收缩操作，那么新哈希表的大小为第一个大于或等于当前键值对数量的 2^n。rehash

是渐进式完成的，rehash 期间添加的键值对只会保存到新表，删除、查找、更新等操作会在两个哈希表上进行。每次对字典执行添加、删除、查找或者更新操作时，除了执行指定的操作以外，还会顺带将旧表里的部分键值对 rehash 到新表中。

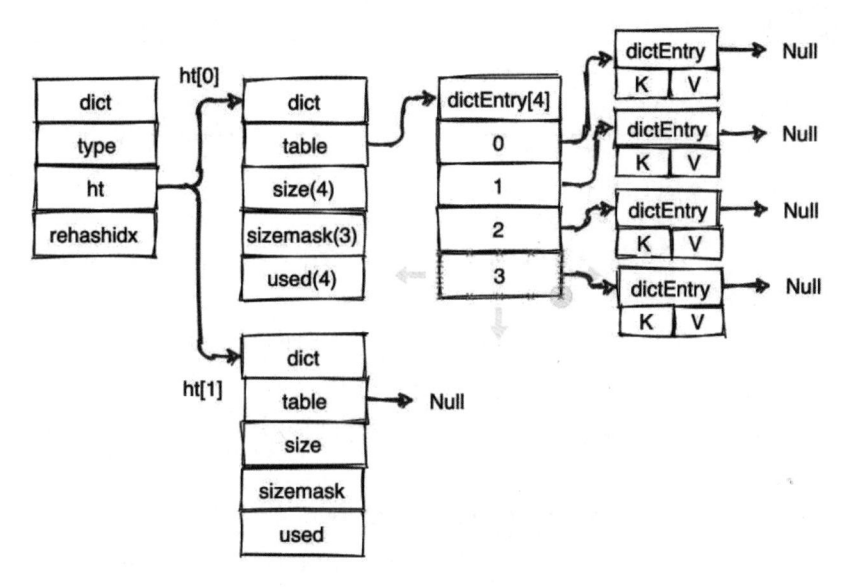

图 1-99　Redis 底层数据结构之哈希表

7. Redis底层数据结构之跳表skiplist

跳表由多层组成，如图 1-100 所示，由下至上为 1～L 层，第 k 层是第 $k-1$ 层的索引。每层都是一条有头节点的有序链表，第 1 层的链表包含跳表中的所有元素。如果某个元素在第 k 层出现，那么它在第 1 到 $k-1$ 层一定会出现，在第 $k+1$ 层则会按一定的概率出现。

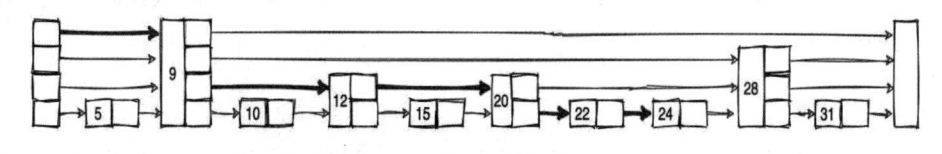

图 1-100　Redis 底层数据结构之跳表

在查找元素时，从最顶层链表的头节点开始遍历。如果当前节点的下一个节点包含的值比目标元素小，则继续往右查找；否则就跳转到下一层查找。如上重复向右和向下的操作，直到找到与目标值相等的元素为止。图 1-100 中的加粗箭头标记出查找元素 24 的过程。

1.3.2 Redis 为什么这么快

> 面试官提问
> - Redis为什么这么快？

Redis 速度快的原因有以下 4 点：

（1）Redis 是一个键值对内存数据库。

（2）使用 IO 多路复用技术。

（3）非 CPU 密集型任务。对大 key 进行非 O(1) 时间复杂度的操作（CPU 密集）会阻塞后续请求，Redis 快的前提是不会出现类似情况。

（4）单线程的优势。避免了多线程上下文切换以及共享资源加锁的性能损耗。

1.3.3 Redis 持久化之 RDB 与 AOF

> 面试官提问
> - Redis持久化有哪两种方式，它们有什么区别？
> - 为什么需要AOF重写，怎么实现？

1. 持久化的两种方式

Redis 是内存数据库，服务器宕机等情况会导致数据丢失，为此 Redis 提供了两种持久化方案。

1）RDB 持久化

RDB 持久化是将 Redis 内存快照保存到硬盘上，Redis 可以通过 RDB 文件还原数据库当时的状态。RDB 文件可以通过 SAVE 或者 BGSAVE 生成：

- SAVE：阻塞Redis服务进程，直至生成RDB文件。
- BGSAVE：复刻一个子进程来创建RDB文件。

2）AOF 持久化

AOF 持久化流程如图 1-101 所示。

- 命令追加：写命令追加到AOF缓冲区。
- 文件持久化：AOF缓冲区的内容根据对应的策略写入AOF文件。
- AOF重写：随着命令持续写入，AOF文件越来越大，重写AOF文件进行压缩。
- 数据恢复：当Redis重启时，可以加载AOF文件进行数据恢复。

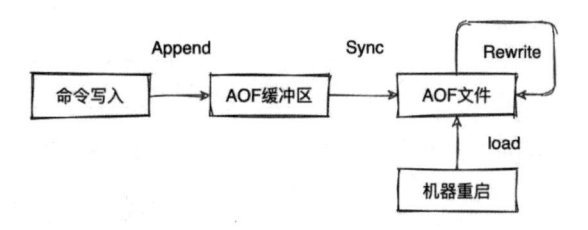

图 1-101　AOF 持久化

3）RDB 与 AOF 的区别

AOF 数据同步实时、数据丢失少、磁盘 IO 开销大，数据恢复相对较慢；RDB 快照文件尺寸小，数据恢复速度快，但 RDB 快照文件生成间隔一般较长，会丢失最后一次生成快照后的数据修改，同时 Redis 版本演进过程存在旧版本无法兼容新版 RDB 格式的问题。

2. AOF重写

AOF 文件重写原理：从数据库中读取键值并用一条命令记录键值对，代替该键被修改的过程中产生的多条命令。如表 1-18 所示，list 被修改 5 次，对应 AOF 文件保存了 5 条命令，AOF 重写后，只需保存 1 条命令。

表 1-18　AOF 重写前后文件内容的变化

Redis 执行命令顺序	Redis 执行命令	当前列表元素	AOF 重写命令
1	rpush list 1 2	1，2	rpush list 3,4,5,6
2	rpush list 3 4	1，2，3，4	
3	lpop list	2，3，4	
4	lpop list	3，4	
5	Push list 5 6	3，4，5，6	
重写前，保存 5 条命令			重写后读取 Redis 键值，记录 1 条命令

为了避免 AOF 重写阻塞主进程处理客户端的请求，一般复刻一个子进程完成 AOF 重写，由于子进程重写的同时 Redis 又接收客户端的写命令对当前数据库进行修改，因此可能导致数据库当前状态和重写后的 AOF 文件所保存的数据库状态不一致。为了解决该问题，Redis 每执行一条写命令，就同时发送给 AOF 缓冲区和 AOF 重写缓冲区，如图 1-102 所示。

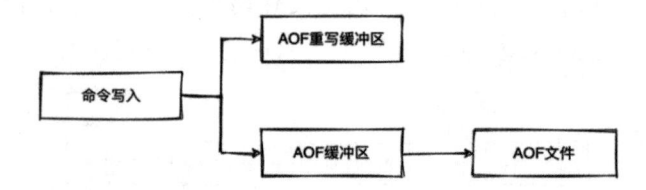

图 1-102　AOF 重写期间写命令同时发送给 AOF 缓冲区和 AOF 重写缓冲区

子进程完成 AOF 重写后向父进程发送一个信号，通知父进程完成以下工作：

- 将 AOF 重写缓冲区中的所有内容写入新的 AOF 文件。
- 重命名新旧 AOF 文件完成新旧文件的替换。

在整个 AOF 重写过程中，以上两个工作会对 Redis 主进程造成阻塞，如表 1-19 所示。

表 1-19　AOF 重写主进程阻塞时间点

时间顺序	Redis 主进程执行命令	主进程状态	AOF 重写子进程
T1	set k1 v1		
T2	复刻子进程，AOF 重写		开始重写
T3	set k2 v2		重写中
T4	set k1 v3		重写完成，向父进程发送信号
T5	AOF 重写期间产生的两条命令添加到新 AOF 文件	Redis 主进程阻塞	
T6	重命名 AOF 文件，原子地覆盖旧的 AOF 文件	Redis 主进程阻塞	

1.3.4　Redis 实现分布式锁的关键点

面试官提问

- 怎样实现一个 Redis 分布式锁，需要注意哪些问题？
- Redis 实现的分布式锁与 ZooKeeper 实现的分布式锁有什么区别？

Redis 锁主要利用 Redis 的 setnx 命令实现，setnx 是 SET if Not exists 的简写。执行 setnx key value，当键不存在时，将 key 的值设置为 value，此时锁抢占成功。可以通过删除键值对或者过期时间来释放锁。实现 Redis 锁需要注意的事项如下：

1. 避免死锁

设置 key 的过期时间，以保证即使锁没有被显式释放，也可以在一定时间后自动释放，避免资源被永远锁住。

2. 锁续期

当前线程获取锁后执行任务，当任务耗时大于 Redis key 过期时间时，锁会被释放，会存在其他线程获取到该锁的可能。此时可以为已经获取锁的线程增加守护线程，对将要过期但未释放的锁延长有效时间。

3. 只允许获取锁的线程释放锁

将参与抢锁的客户端 id 设置在 value 中（setnx key value），释放锁前校验 value 中存放的 id 是否为自己。

4. 互斥性

Redis 正常运行时执行 setnx 命令可以保证只允许一个客户端持有锁；当 Redis 发生主从切换时，key 未及时同步到从节点，锁可能被其他客户端再一次获取，针对该场景可引入红锁机制。

5. 可重入（可选）

若允许当前线程在持有锁的情况下再次请求加锁，那么这个锁就是可重入的。Redis 可对锁进行重入计数，加锁时加 1，解锁时减 1，当计数归 0 时释放锁。

补充说明 ZooKeeper 与 Redis 实现分布式锁的异同：从 CAP 的角度来说，ZooKeeper 因为有过半策略保证数据的强一致性，所以 ZooKeeper 实现的分布式锁强调的是 CP，Redis 实现的分布式锁强调的是 AP。

1.3.5 Redis 与 Memcache 的区别

> **面试官提问**
> - 请谈谈Redis与Memcache有什么区别。

Redis 与 Memcache 的区别主要体现在以下 4 个方面：

（1）数据结构方面：Redis 数据类型更丰富，有 String、List、Set、Zset、Hash 等，Memcache 只支持 String 类型。

（2）数据持久化方面：Redis 支持 AOF 与 RDB 两种持久化方案，而 Memcache 不支持持久化。

（3）高可用方面：Redis 原生支持集群模式，而 MC 需要客户端去实现集群。

（4）线程模型方面：Redis 使用单线程模型（高版本存在多线程），MC 是多线程模型。

1.3.6 Redis 主从复制原理之 SYNC 与 PSYNC

> **面试官提问**
> - 谈谈Redis主从复制的原理。
> - SYNC与PSYNC有什么区别？

Redis 全量复制（SYNC）一般发生在从节点初始化阶段，这时主节点生成快照传递给从节点，从节点载入快照进行数据恢复。全量复制流程如图 1-103 所示。

步骤01 Slave 向 Master 发送 SYNC 命令，要求全量复制。

步骤02 Master 执行 BGSAVE 命令生成 RDB 快照文件，同时使用缓冲区记录之后的写命令。

步骤03 Master 生成 RDB 文件后发送给 Slave，该期间 Master 继续记录来自客户端的写命令。

步骤04 Slave 收到 RDB 文件后丢弃旧数据，载入 Master 传递过来的快照。

步骤 05　Master 完成 RDB 文件传输后开始向 Slave 发送缓冲区积累的写命令。
步骤 06　Slave 完成 RDB 快照的载入后，开始执行来自 Master 缓冲区的写命令。

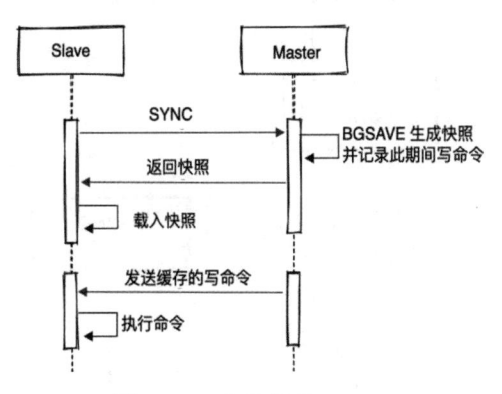

图 1-103　主从复制 SYNC

SYNC 命令的典型使用场景如下：

（1）Slave 第一次和 Master 连接，即初次复制。

（2）主从断连后重新建立连接。

初次复制使用 SYNC 命令进行全量复制是高效且必要的，但主从断连后重新建立连接，可能从节点仅丢失了几个写命令，这时也使用全量复制并不划算，如图 1-104 所示。

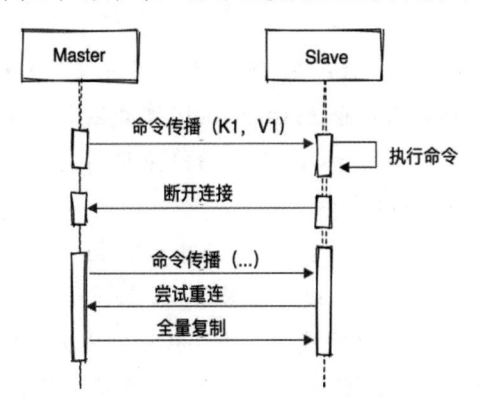

图 1-104　断后重连全量复制

为了解决该问题，Redis 2.8 版本提供了 PSYNC 命令实现部分复制，PSYNC 命令格式如下：

```
PSYNC <runid> <offset>
```

其中 runid 代表主服务器 id，offset 表示从服务器最后接收命令的偏移量。PSYNC 命令执行流程如图 1-105 所示。

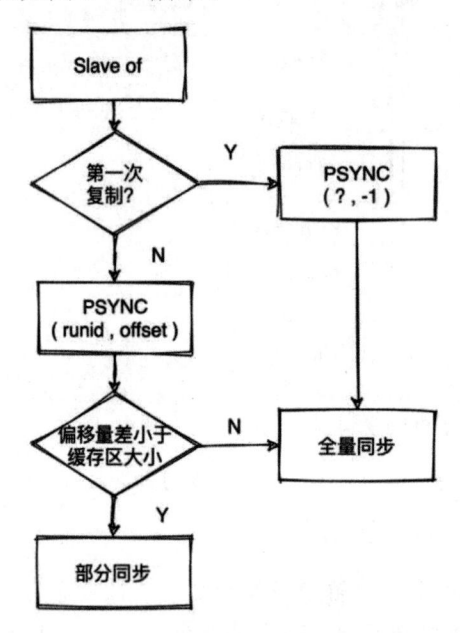

图 1-105　PSYNC 执行流程

步骤 01 当前节点向 Master 发送 SLAVEOF 命令，请求成为 Slave。

步骤 02 当前节点根据自己是否保存 Master runid 来判断是否是第一次复制，若是第一次复制，则向 Master 发送 psync？-1 命令来进行全量复制，否则向 Master 发送 psync＜runid＞＜offset＞命令。

步骤 03 Master 接收到 psync 命令，若 runid 与本机的 id 一致，并且 offset 和本机的偏移量相差没有超过复制积压缓冲区大小（复制积压缓冲区缓存了 Master 传播出去的命令），则 Master 只需传回失去连接期间丢失的命令，即部分复制；否则 Master 返回 FULLRESYNC＜runid＞＜offset＞命令，Slave 将 runid 保存起来，并进行全量复制。

1.3.7 过期删除策略

> - 常见的过期删除策略有哪些？
> - Redis基于内存与CPU两方面的考虑，最终采用哪种过期策略？

常见的过期删除策略有以下 3 种：

（1）定时删除策略。设置 key 过期时间的同时创建一个定时器，在键的过期时间来临时立即删除键。定时删除及时释放内存，但浪费 CPU。

（2）惰性删除策略。在访问 key 时顺便检查它是否过期，若过期则删除，否则返回该键值对。惰性删除策略对 CPU 友好，但浪费内存空间。

（3）定期删除策略。该策略是定时删除和惰性删除方案的折中，每隔一段时间执行一次删除过期 key 的操作，删除哪些数据库的哪些过期键由算法决定。我们通过限制执行的时长和频率来减少对 CPU 的影响，同时定期主动删除过期键又有效地减少了内存浪费。

Redis 使用的是惰性删除和定期删除策略。

1.3.8 Redis 哈希槽

> - 解释一下哈希槽的概念。
> - 为什么Redis Cluster设计成16384个槽？

Redis 集群包含 16384 个哈希槽通过 CRC16(key)%16384 来计算键归属于哪个槽。集群中的每一个节点负责处理一部分哈希槽。如图 1-106 所示，该 Redis 集群拥有 3 个节点，哈希槽平均分配。

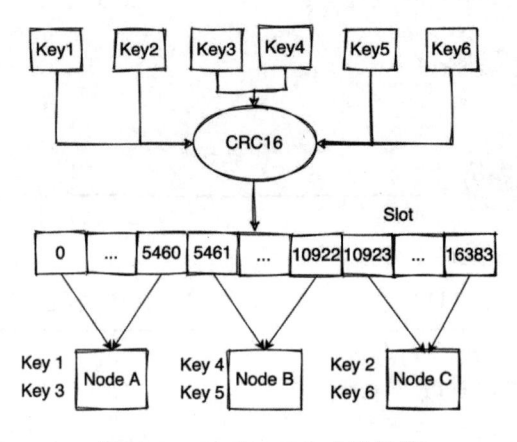

图 1-106 Redis 16384 个哈希槽

这样的设计方便添加和删除集群中的节点。例如集群中存在 3 个节点 A、B、C，如果想添加一个新节点 D，只需要将节点 A，B，C 负责的部分槽转移到节点 D。同样，如果想从集群中删除节点 A，也只需将节点 A 负责的槽转移到节点 B 和节点 C，之后即可将它从集群中删除。

1.3.9 Redis Gossip 协议

> **面试官提问**
> - Redis 集群中各个节点是怎样交换状态信息的？
> - Gossip 消息类型有哪些？

Gossip 协议（Gossip Protocol）是基于流行病传播方式的节点之间信息交换的协议。Redis 集群中的每个节点都维护一份自己视角下的集群的状态，比如集群中各节点所负责的 slots 信息以及 migrate 状态等。为了交换不同节点的状态信息达到数据的最终一致性，集群节点之间相互发送多种消息进行通信，主要的消息命令有：

- MEET：集群中的节点向新节点发送加入集群邀请，新节点收到 MEET 消息后，会回复 PONG 命令给发送者。
- PING：每个节点都会频繁地向其他节点发送 PING 消息，其中包含自己的状态和自己维护的集群元数据，节点之间互相通过 PING 交换元数据。

- PONG：PING和MEET消息的回应，包含自己的状态和其他信息，也用于信息广播和更新。
- FAIL：当一个节点判定另一个节点下线时，会向集群所有节点广播该节点挂掉的消息，其他节点收到消息后标记该节点已下线。

Redis 采用 Gossip 协议数据同步如图 1-107 所示，只要每一个节点将自己的已知信息传递给其他节点，那么最终整个集群所有节点都会认知一致，类似于传染病无障碍传播最终感染整个人群。

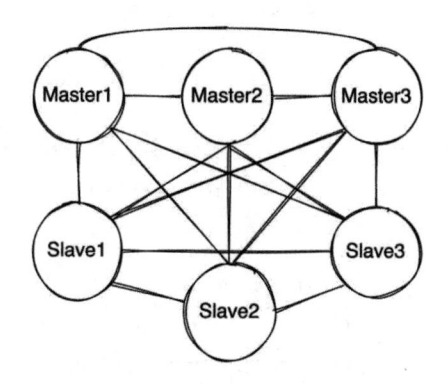

图 1-107　Redis 采用 Gossip 协议数据同步

1.3.10　重定向 moved 与 ask

面试官提问

- 什么是moved重定向？请说明moved重定向发生的时机。
- 什么是ask重定向？请说明ask重定向发生的时机。
- moved与ask重定向有什么区别？

1. moved重定向

Redis 客户端可以向集群中的任意节点发起请求，如果 key 所属的槽不在当前节点，那么 Redis 集群就向客户端响应一个 moved 重定向，客户端根据 moved 重定向所包含的信息找到目标节点，再一次发送命令请求，如图 1-108 所示。

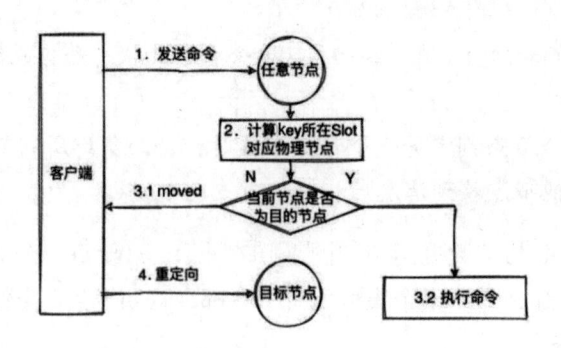

图 1-108　Redis moved 重定向

2. ask重定向

ask 重定向发生在集群伸缩时，当客户端发送请求至源节点时，数据因为集群伸缩而迁移到了目标节点，ask 异常会告诉客户端访问的键值迁移到了哪里，客户端再据此访问目标节点，如图 1-109 所示。

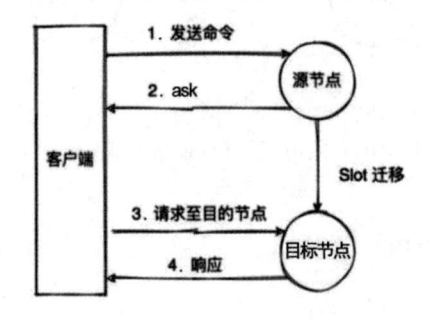

图 1-109　Redis ask 重定向

1.3.11　Pipeline 有什么好处

面试官提问

- Pipeline有什么好处？
- 原生批命令与Pipeliner的区别是什么？

Redis 客户端执行一条命令分为 4 个过程：发送命令、排队、执行、响应结果，如图 1-110 所示。

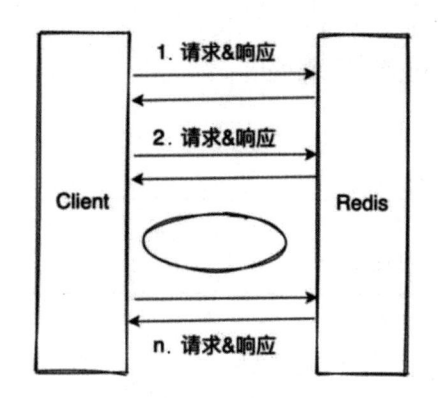

图 1-110　连续执行 n 条命令，n 次 RTT

如图 1-110 所示，执行 n 条命令会产生 n 次 RTT（Round Trip Time，往返时延），执行效率低下。

Pipeline 机制允许将一组 Redis 命令组装后传输给 Redis，Redis 将这组命令的执行结果按顺序返回给客户端，整个过程只需一次 RTT。

原生批命令是原子性的，但 Pipeline 不保证原子性，即使执行过程中某个命令出现异常，也会继续执行其他的命令。

1.4　RocketMQ

RocketMQ（消息队列）是一款开源的分布式消息系统，提供低时延、高可靠的消息发布与订阅服务，具有为分布式应用提供异步解耦和削峰填谷的功能，支持事务消息、顺序消息、延迟消息、批量消息、消息回溯等。关于 RocketMQ 的高频面试题目简述如下：RocketMQ 整体架构、使用场景、消费者与消费者组之间的关系、消息发送与消费的流程、事务消息、延迟消息、顺序消息、消息过滤、Offset 管理、Rebalance 危害、怎么保证消息不丢失、持久化策略、底层文件存储设计、RocketMQ 与 Kafka 的区别等。

1.4.1 RocketMQ 的整体架构

> **面试官提问**
> - 消息队列的整体架构是怎样的？

RocketMQ 的整体架构主要包含服务发现、生产者、Broker 集群和消费者，如图 1-111 所示。

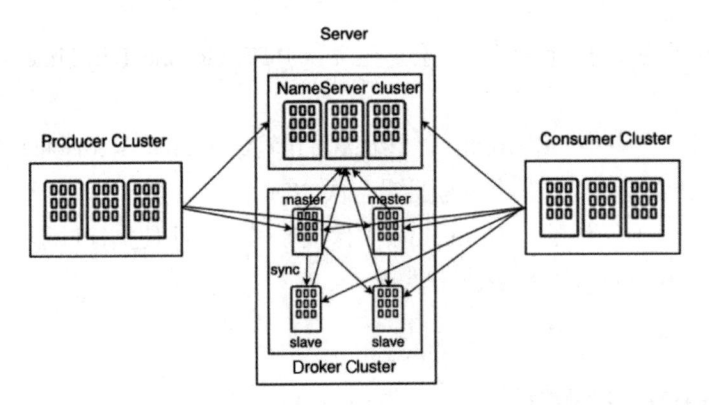

图 1-111 RocketMQ 的整体架构

- Name Server：Broker 向 NameServer 注册路由，NameServer 为生产者、消费者提供最新的路由信息。
- Broker：负责消息的持久化存储、消息的 HA 机制以及服务器端消息过滤等功能。一个 Master Broker 可以有多个 Slave Broker，一个 Slave Broker 只能有一个 Master Broker。Broker 启动后将自己注册到 Name Server，定期向 Name Server 上报 Topic 路由信息。
- Producer：生产者与 Name Server 集群中的某个节点（随机）建立长连接，定期从 Name Server 读取 Topic 路由信息，并与提供 Topic 服务的 Master Broker 建立长连接，且定时向 Master Broker 发送心跳。
- Consumer：消费者与 Name Server 集群中的某个节点（随机）建立长连接，定期从 Name Server 拉取 Topic 路由信息，并与提供 Topic 服务的 Master Broker、Slave Broker 建立长连接，且定时向 Master Broker、Slave Broker 发送心跳。Consumer

既可以从Master Broker订阅消息，也可以从Slave Broker订阅消息。

1.4.2 消息队列典型的适用场景

面试官提问

- 请说明一下消息队列的应用场景。

消息队列典型的应用场景主要有以下两种：

1. 系统解耦

场景说明：用户下单后，订单系统通知库存完成后续操作，如图1-112所示。

图1-112 消息队列用于系统解耦

订单系统：用户下单后，订单系统完成内部处理流程，将消息投递至MQ，返回用户下单成功。

库存系统：订阅MQ的消息，进行库存扣减等操作。即使在用户下单时库存系统宕机，也不影响用户完成下单流程，实现订单系统与库存系统的解耦。

2. 削峰填谷

场景说明：秒杀活动，面对用户高并发同步请求，应用存在宕机风险，如图1-113所示。

图1-113 消息队列用于削峰填谷

秒杀业务系统收到用户请求后，首先将请求写入消息队列，然后根据自己的处理能力拉取消息进行处理。

1.4.3 消费者、消费者组、队列之间的关系

面试官提问

- 就消费者的消费模式来讲，什么是集群消费与广播消费？
- 消费者与消费者组的关系是什么？

当使用集群消费模式时，RocketMQ 的一条消息只被集群内的任意一个消费者处理。

- 一个队列同一时间只允许被费者组下的某一个消费者消费。
- 消费者组下的某个消费者，可以同时消费同一个Topic下不同队列的消息。
- 不同消费者组下的消费者，可以同时消费同一个Topic下相同队列的消息。

当使用广播消费模式时，消息队列会将每条消息推送给集群内所有的消费者，保证消息至少被每个消费者消费一次。

1.4.4 RocketMQ 消息发送与消费流程

面试官提问

- 说明消息队列发送与消费一条消息的全流程。
- 说明消息队列底层设计。
- 消息是顺序写入的吗？
- 消息的消费是否存在随机读？

消息发送与消费流程如下：首先生产者发送的消息被顺序写入 CommitLog，如图 1-114 所示。此处在写 CommitLog 时使用 PageCache 会非常高效。

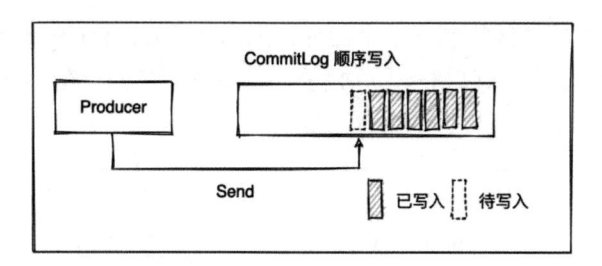

图 1-114　生产者顺序写入 CommitLog

然后，CommitLog 日志消息被异步转发到对应的逻辑队列（ConsumeQueue），如图 1-115 所示。

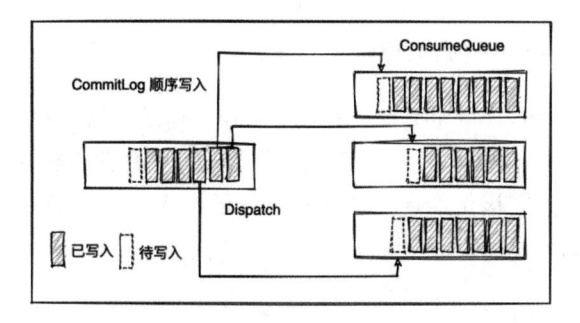

图 1-115　消息从 CommitLog 转发到 ConsumeQueue

ConsumeQueue 与 Paratiton 的概念相对应，并且转发至 ConsumeQueue 中的消息也是顺序写入的，消费者可以从 ConsumeQueue 中拉取消息进行消费，如图 1-116 所示。从旧到新顺序拉取消息，这里也可以使用 PageCache。

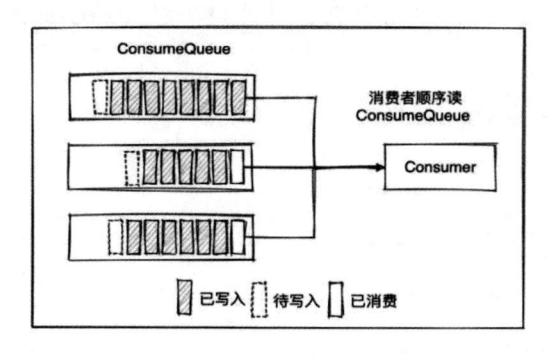

图 1-116　消费者消费 ConsumeQueue 中的消息

ConsumeQueue 消息结构包含三个部分：消息在 CommitLog 中的物理位置偏移量 offset、消息实体内容的大小和 Message Tag 的 hash 值。我们可以根据 offset 定位消息在 CommitLog 文件中的具体位置，该过程是随机读，如图 1-117 所示。

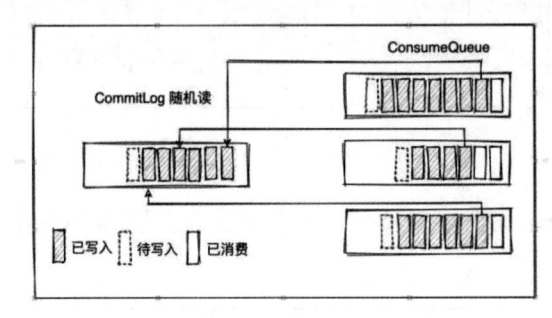

图 1-117 根据 ConsumeQueue 中的物理位置偏移量和消息实体大小随机读取 CommitLog 中的具体消息

不同队列共享同一个 CommitLog，回读 CommitLog 的过程虽然是随机读，但是如果不同队列消息写入量和消费速度大致相同，那么不同消费者随机读取的 CommitLog 物理位置较为集中，该区间极可能还在 PageCache 的范围内。此场景下同样可以充分利用 PageCache，如图 1-118 所示。

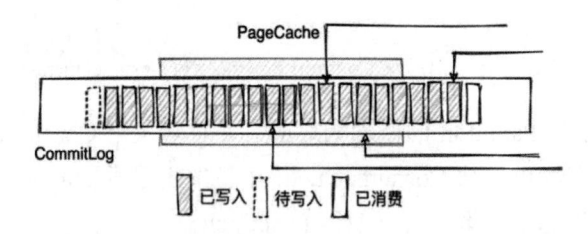

图 1-118 CommitLog 随机读，依然可以使用 PageCache 高效读

1.4.5 消息刷盘策略

面试官提问

- 消息队列刷盘策略是什么？
- 怎么保证Broker端的消息不丢失？

消息刷盘（持久化）策略有同步或异步刷盘；为了保证消息在 Broker 端不丢失，有同步双写或者异步复制的策略将消息存储到从节点。

1. 刷盘策略分为同步和异步刷盘

消息队列刷盘策略如图 1-119 所示。

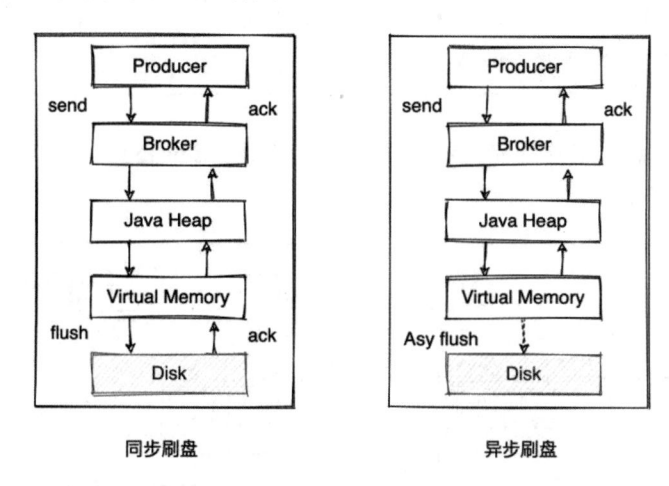

图 1-119　消息队列刷盘策略

- 同步刷盘：等待消息持久化在硬盘上，Broker端才同步返回给Producer ACK。写入性能差但可靠性高。
- 异步刷盘：消息写入PageCache即将成功的ACK返回给Producer端。异步线程刷盘降低了读写延迟，提高了吞吐量，但会出现少量消息丢失的情况。

2. 同步双写、异步复制

- 多Master多Slave模式，同步双写，主备都写成功才向Producer返回成功。同步双写避免单点问题，但影响写入性能，适合对消息可靠性要求极高的场合，比如支付业务。
- 多Master多Slave模式，异步复制，只要Master写成功即可向Producer返回成功。写入性能好，但一旦发现Master宕机、磁盘损坏的情况，就会丢失少量消息。

1.4.6 底层文件存储设计

面试官提问：
- RocketMQ有哪些文件，作用分别是什么？
- RocketMQ消息存储与Kafka的区别？

RocketMQ 消息的主要存储文件包括 CommitLog、ConsumeQueue、IndexFile，具体结构如图 1-120 所示。

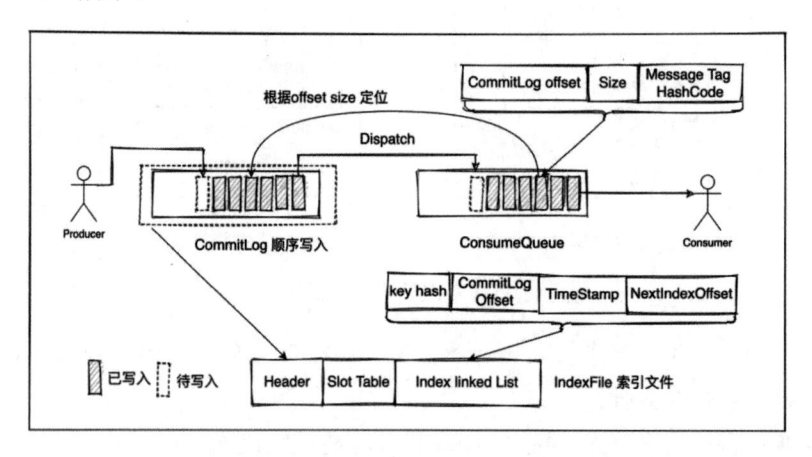

图 1-120 消息对列底层存储设计

- **CommitLog**：消息持久化的物理文件，所有队列消息顺序写入同一个CommitLog文件，每个Broker上的CommitLog被当前服务器上的所有ConsumeQueue共享。
- **ConsumeQueue**：消息顺序写入CommitLog文件后将被异步转发到逻辑队列（ConsumeQueue）中，消费者可以消费逻辑队列中的消息。ConsumeQueue中的消息结构包含3个部分：该消息在CommitLog中的物理位置偏移量offset、消息实体内容的大小和Message Tag的hash值。
- **IndexFile**：Index索引文件提供了对CommitLog进行数据检索的能力，可以通过key或者时间区间来查找CommitLog中的消息。IndexFile在面试中基本不会出现，了解即可。

1.4.7 事务消息

> **面试官提问**
> - 解释一下发送事务消息的流程。
> - 什么是半消息？
> - 由于超时、重启等原因，Commit消息没有被Broker持久化，该场景下怎样保证事务的一致性？

RocketMQ 事务消息保证数据的最终一致性，其发送事消息的流程如图 1-121 所示。

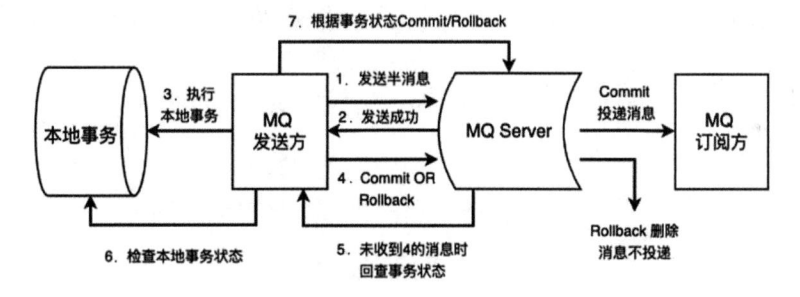

图 1-121　RMQ 事务消息发送流程

步骤01 发送消息。

步骤02 MQ Server 将消息持久化后返回发送方 ACK，确认消息发送成功，此时消息为半消息。

步骤03 发送方执行本地事务。

步骤04 发送方根据本地事务执行结果向 MQ Server 提交 Commit 或 Rollback，若 MQ Server 收到 Commit 则将半消息标记为可投递，订阅方可消费到该消息；若 MQ Server 收到 Rollback 则删除半消息，订阅方将不会消费该消息。

步骤05 在网络中断、服务重启等特殊情况下，步骤 04 提交的 Commit 或 Rollback 未能到达 MQ Server，经过固定时间后 MQ Server 将对该消息发起回查。

步骤06 发送方收到消息回查后，检查对应消息的本地事务执行的最终结果。

步骤07 发送方根据本地事务执行的最终结果再次 Commit 或 Rollback，MQ Server 仍按照步骤 04 对半消息进行处理。

1.4.8 延迟消息

> **面试官提问**
> - 延迟消息的实现原理是什么？发送延迟消息的一般流程是怎样的？
> - 延迟消息的应用场景有哪些？
> - 发送延迟消息时，ConsumeQueue消息结构中Tag字段的作用是什么？
> - 延迟消息支持任意时间的延迟吗？

延迟消息是指生产者发送消息后，需要等待指定的时间才可以被消费。

延迟消息典型应用场景举例：用户下单后需要在 30 分钟内付款，到期前发送消息提醒用户支付。

RocketMQ 延迟消息在 Broker 内部的处理流程如图 1-122 所示。

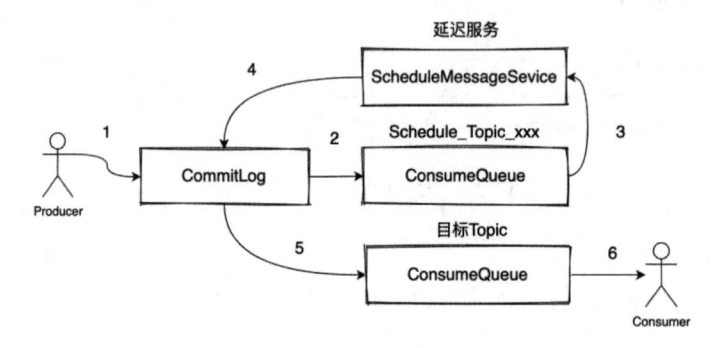

图 1-122　RocketMQ 延迟消息处理流程

（1）消息发送时修改 Topic 名称和队列信息。消息一旦由 CommitLog 转发到 ConsumeQueue 就会被立即消费，为了避免延迟消息被立即消费，发送消息时将主题的名称修改为特定 Topic (SCHEDULE_TOPIC_XXXX)，并根据延迟级别确定投递的队列。同时消息相关属性里保存了要投递的目标 Topic 和队列信息。

（2）转发消息到延迟主题的 CosumeQueue 中。消息写入 CommitLog 后会转发到 CosumeQueue，计算延迟消息投递时间，投递时间=消息存储时间+延迟级别对应的时间，将它作为消息 Tag 的哈希值存储到 CosumeQueue 中。

（3）延迟服务消费 SCHEDULE_TOPIC_XXXX 消息。ScheduleMessageService 消费 SCHEDULE_TOPIC_XXXX 中的消息，并投递到目标 Topic 中。ScheduleMessageService 根据延迟级别的个数启动对应数量的 TimerTask，每个 TimerTask 负责一个延迟级别的消息消费与投递，根据 Tag 值判断对应队列的第一个消息是否到期，若到期则进行投递，并继续检查之后的消息，若当前消息未到期则不再检查后续消息。

（4）到期消息重新写入 CommitLog。消息到期后，需要投递到目标 Topic，由于第一步记录了目标 Topic 和队列信息，因此重新设置后直接消息存储到 CommitLog 即可。

（5）CommitLog 消息转发至目标 Topic 下的 CosumeQueue，被消费者消费。消息的 Topic 被重置后写入 CommitLog，转发至 CosumeQueue 后会被消费者直接消费。

若要支持任意时间精度的延迟消息，则需在 Broker 端做消息排序，开销较大，因此 RocketMQ 仅支持特定级别的延迟消息。

1.4.9 如何保证消息不丢失

> **面试官提问**
> - 消息队列怎么保证消息不丢失？
> - 解决消息不丢失问题，你觉得下面两种方案哪种更靠谱？方案一：完全依赖消息队列保证消息不丢失。方案二：生产者发送消息失败后重试，确保成功与消费者幂等消费，既能保证消息队列的高吞吐又能保证业务消息的不丢失。

从 Producer 端来说，如果消息未能持久化在 Broker 端，那么消息是丢失的，消息的发送需要做好失败重试（消费端需要幂等）。

从 Broker 端来说，保证消息不丢失需要选择合适的刷盘策略（同步刷盘、异步刷盘）、主从复制策略（同步双写或者异步复制）。

从 Consumer 端来说，要确保消费者拉取到的消息被成功消费。

- 如果Consumer消费消息失败，返回Broker对应失败状态，那么消息会再次被拉取并进行消费
- 如果Consumer消费消息失败，返回Broker对应失败状态时Broker宕机，那么

- 如果Consumer和Broker一起宕机，那么由于Consumer消费的offset是定时异步持久化的，因此Consumer和Broker重启后，消息不会丢失但可能产生重复消费。

从全局来看，保证消息不丢失可能存在重复消费的情况，需要业务方幂等重试。

1.4.10 消息过滤

> **面试官提问**
> - 消息是在服务器端还是消费端过滤？
> - 消息过滤的实现方式是怎样的？

Consumer 在订阅消息时除了指定 Topic 外，还可以指定 Tag，如果一个消息有多个 Tag，可以用||分隔。ConsumeQueue 里面包含消息在 CommitLog 中的物理位置偏移量 offset、消息实体内容的大小和 Message Tag 的 hash 值，消费者拉取 Broker 端消息时，首先会用 Tag hash 值与 ConsumeQueue 消息中 Tag hash 值进行比对过滤，但使用 hash 值无法精确地对 Tag 原始字符串进行过滤，所以在消费端拉取到消息后，还需要对消息的原始 Tag 字符串进行二次比对过滤，若比较过滤的结果不同，则丢弃该消息，不进行消费。综上所述，消息是在服务器端和消费端两侧过滤的。

1.4.11 顺序消息

> **面试官提问**
> - 消息队列如何保证消息的顺序性？
> - 顺序消息消费失败会阻塞后续消息消费吗？
> - 全局顺序与分区顺序怎么实现？

顺序消息分为全局顺序消息与分区顺序消息。

1. 全局顺序消息

全局顺序消息如图 1-123 所示，对于一个指定的 Topic，所有消息严格按照先入先出（FIFO）的顺序进行发布和消费，此时使用一个队列保证全局顺序会存在严重的性能瓶颈。

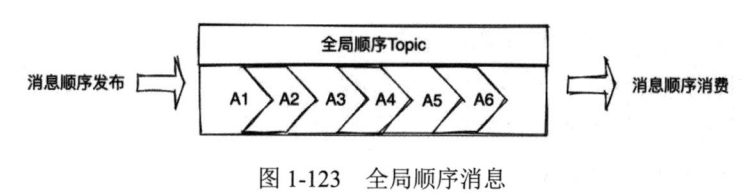

图 1-123　全局顺序消息

2. 分区顺序消息

一般场景下，不要求消息的全局顺序，例如一个订单产生了 3 条消息，分别是订单创建、付款、完成，消费时同一个订单要按照这个顺序消费才有意义，但是不同订单之间是可以并行消费的。分区顺序消息如图 1-124 所示，对于一个指定的 Topic，所有消息根据 sharding key 进行分区（比如按照订单 id）。同一个分区内的消息严格按照 FIFO 顺序进行发布和消费（由于是根据订单 id 分区的，因此同一个订单的创建、付款、完成消息会出现在同一个队列里并保持顺序性）。图 1-124 中的 sharding key 是顺序消息中用来区分不同分区的关键字段。

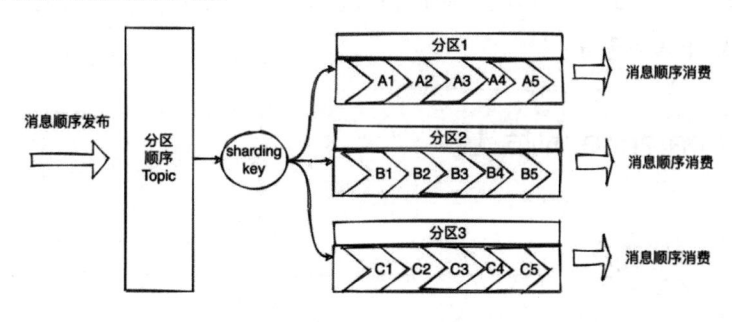

图 1-124　分区消息

为了保证消费端的顺序性，某条消息消费失败会阻塞后续消息的消费。

1.4.12 消费者 offset 管理

面试官提问

- offset维护是在消费端还是Broker端？
- offset提交是异步还是同步的？
- 在消费者组增加新的消费者会引起消息重复消费吗？
- 增加新的消费者组，offset从哪里开始消费？

广播模式下，RocketMQ 对消费者组下的各个 Consumer 实例都投递一次消息，消费者之间没有交集，所以 offset 在本地维护即可。

集群模式下，一条消息只会投递到消费者组下面的一个实例去消费，offset 维护在 Broker 端，以键值对形式存储，key 为消费者组+队列，value 为 offset。

- 如果在旧的消费者组下新增消费者（Rebalance），那么会读取Broke端存储的消费进度，由于offset是异步提交的，因此可能出现重复消费的现象。
- 如果有新的消费者组加入，而Broker端没有存储相关信息，此时将根据配置的默认策略开始消费，比如从最新的offset开始消费或消费者启动的时间戳对应的offset处开始消费等。

1.4.13 Rebalance 的危害

面试官提问

- 谈谈消息队列的Rebalance机制。
- 谈谈Rebalance的危害，Rebalance为什么会引起消息的重复消费？

Rebalance 是指将一个 Topic 下的多个队列在同一个消费者组内的多个消费者实例之间进行重新分配。比如一个 Topic 下有三个队列、一个消费者，为了提升消息的并行处理能力，可以新增一个消费者，使其中一个消费者处理两个队列中的消息，另一个消费者处理一个队列中的消息。

Rebalance 的危害如下：

- 消费暂停：新增消费者触发 Rebalance，分配给新消费者的队列消息会被原来的消费者暂停消费，直到该队列成功分配给新消费者后才能继续被消费。
- 重复消费：新消费者在消费分配给自己的队列时，需要从原来消费者已消费到的 offset 处继续开始消费，然而 offset 是消费者异步提交的，可能出现重复消费的情况。举例来说，consumer1 当前消费到 offset 等于 7 的地方，但是异步提交给 Broker 的 offset 为 3，若此时发生 rebalance，则 consumer2 从 offset 等于 3 处开始消费，那么就会重复消费 4 条消息。

1.4.14 RocketMQ 与 Kafka 的对比

> 面试官提问
> - RocketMQ 与 Kafka 的区别是什么？
> - 消息队列技术选型，选 Kafka 还是 RocketMQ？

RocketMQ 与 Kafka 的区别主要有以下几点：

1. 存储形式

Kafka 每个 partition 对应一个文件，若 Broker 的 partition 过多，则消息顺序写入将退化为随机写，写入性能下降。

RocketMQ 所有队列消息顺序写入同一个 CommitLog 文件，然后被转发至 ConsumeQueue 才被消费者消费。

2. 延时消息

RocketMQ 支持固定级别的延时消息，但 kfaka 不支持延时消息。

3. 消息重复

RocketMQ 仅支持 At Least Once，Kafka 支持 At Least Once、Exactly Once

4. 消息过滤

RocketMQ 根据 Tag hash 值在 Broker 端进行消息过滤，消费者拉取到消息后对消息的原始 Tag 字符串进行二次比对过滤。Kafka 不支持 Broker 端的消息过滤，需要在消费端自定义实现。

5. 消费失败重试

RocketMQ 支持失败重试。Kafka 不支持消费失败重试，也没有死信队列。

6. 服务发现

对于服务发现，RocketMQ 使用 NameServer，Kafka 使用 ZooKeeper。

7. 高可用

RocketMQ 高可用的粒度是 Broker，刷盘策略支持异步/同步刷盘，HA 策略支持同步双写、异步复制。Kafka 高可用的粒度是分区，Producer 向 Broker 发送消息时会根据 ACK 配置来确定需要等待几个副本同步了消息才相应成功。

1.5 操作系统

计算机操作系统是一门深厚的学问，但是互联网招聘面试问到的内容就相对简单很多，常见的问题主要包括：进程与线程的区别、进程间的通信方式、页面置换算法、虚拟内存、页表、内存页大小为什么是 4KB、线程状态转换、死锁、进程调度策略、内存颠簸、局部性原理等。下面就来解答面试中可能会遇到的问题。

1.5.1 进程与线程的区别

面试官提问

- 进程与线程有什么区别？

进程是系统进行资源调度和分配的基本单位，用于实现操作系统的并发。线程是 CPU 调度和分配的基本单位，用来实现进程内部的并发。

一个程序至少有一个进程，一个进程至少有一个线程，线程依赖于进程而存在；进程在执行过程中拥有独立的内存单元，而多个线程共享进程的资源。

1.5.2　为什么页内存大小是 4KB

面试官提问

- 为什么内存页的大小是4KB？4KB是不是最佳选择？
- 内存页过大或者过小会带来什么问题？

操作系统选择 4KB 作为内存页，主要是基于以下两方面的考虑：

（1）过小的页面会导致较多的页表项，从而增加寻址时的查找时间和额外开销。

（2）过大的页面会浪费内存空间，产生内存碎片，降低内存的利用率。

1.5.3　进程间的通信方式

面试官提问

- 进程间的通信有哪几种方式？

进程间的通信方式有以下 6 种：

（1）管道及命名管道：管道可用于具有亲缘关系的父子进程间的通信，命名管道还允许无亲缘关系的进程间的通信。

（2）信号：信号是事件发生时对进程的通知机制，可以让一个正在运行的进程被另一个进程中断，转而处理某突发事件。

（3）消息队列：采用链表来实现，由系统内核维护，消息队列提供了一种在两个不相关的进程之间传递数据的简单高效的方法。

（4）共享内存：一个进程首先创建一块内存空间，其他进程将该内存映射到自己的虚拟地址空间，读写自己地址空间中对应共享内存的区域时，就是在和其他进程进行通信，不同进程必须在同一台物理服务器上才能使用这种通信方式。

（5）信号量：主要作为进程之间同步和互斥的手段。

（6）套接字：通信双方分别为客户端与服务器。服务器先创建一个套接字，然后监听客户端的连接请求。欲与服务器通信的客户端也可以创建一个套接字，向服务器发起连接请求，建立连接后双方可互相通信。

1.5.4 页面置换算法

> **面试官提问**
> - 经典的页面置换算法有哪些？其实现原理如何？
> - 最佳置换算法是否可以实现？

1. 先进先出（FIFO）页面置换算法

FIFO 算法淘汰最早进入内存的页面，即在内存中驻留时间最久的页面。

2. 最近最久未使用（LRU）置换算法

该算法基于这样的合理假设：过去一段时间未访问过的页面，在最近的将来也不会被访问。因此，该算法总是选择在过去一段时间最久没有使用过的页面予以置换。

3. CLOCK置换算法

当某一页首次装入主存时，该帧的使用位设置为1；当该页随后再次被访问时，它的使用位也被置为1。当需要替换一页时，操作系统扫描缓冲区，以查找使用位被置为0的一帧。每当遇到一个使用位为1的帧时，操作系统就将该位重新置为0；在这个过程开始时，如果缓冲区中所有帧的使用位均为0，则选择遇到的第一个帧替换；如果所有帧的使用位均为1，则指针在缓冲区中完整地循环一周，把所有使用位都置为0，并且停留在最初的位置上，替换该帧中的页。

举例：

一个作业物理块数为 3，作业页面走向为 5，6，4，8，6，5。页面置换流程如图 1-125 所示。

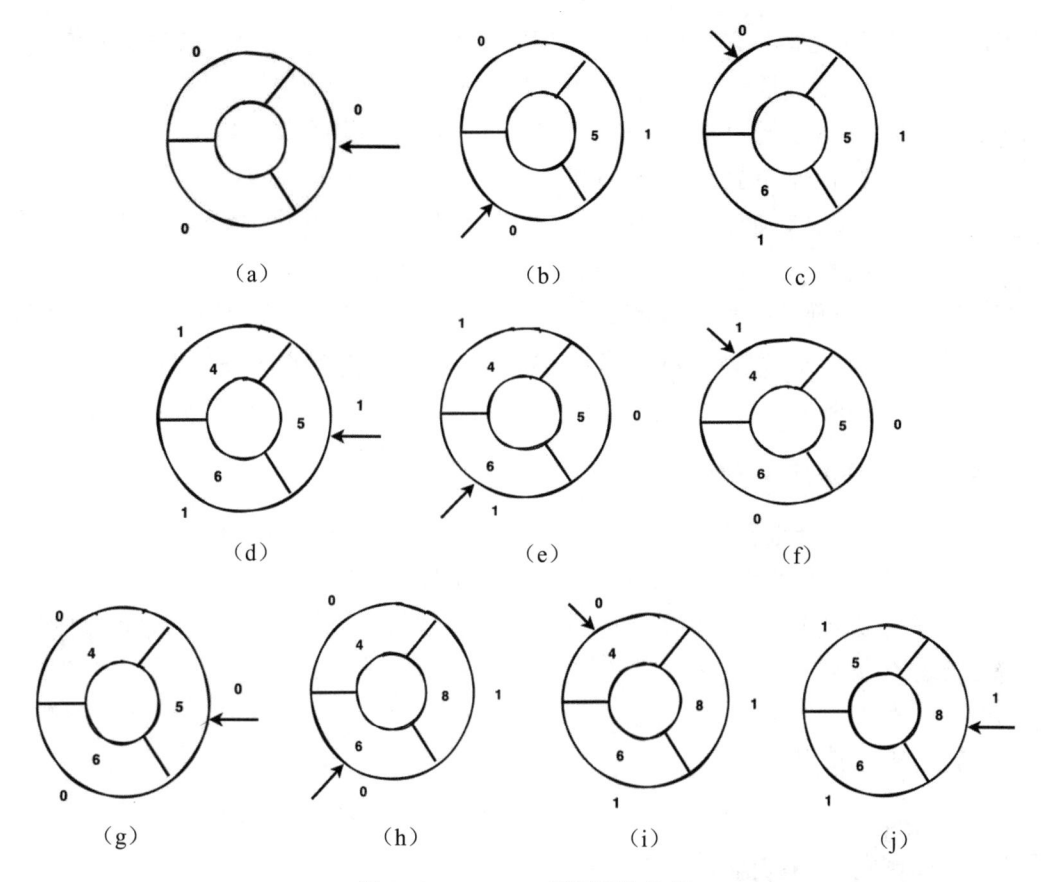

图 1-125　CLOCK 页面置换流程

步骤 01　第一个页面走向为 5，此时内存中没有数据，且访问位为 0，于是将 5 放入内存，并修改访问位为 1，指针下移，得到图 1-125（b）。

步骤 02　第二个页面走向为 6，此时指针指向处无数据，且访问位为 0，于是将 6 放入内存，并修改访问位为 1，指针下移，得到图 1-125（c）。

步骤 03　第三个页面走向为 4，此时指针指向处无数据，且访问位为 0，于是将 4 放入内存，并修改访问位为 1，指针下移，得到图 1-125（d）。

步骤 04　第四个页面走向为 8，此时指针指向处有数据 5，非 8，且访问位为 1，于是不放入，并将访问位由 1 置为 0，然后指针下移，得到图 1-125（e）。

步骤 05　此时指针指向处有数据 6，非 8，且访问位为 1，于是不放入，并将访问位由 1 置为 0，然后指针下移，得到图 1-125（f）。

步骤 06 此时指针指向处有数据 4，非 8，且访问位为 1，于是不放入，并将访问位由 1 置为 0，然后指针下移，得到图 1-125（g）。

步骤 07 已走完一圈，此时指针指向处有数据 5，非 8，且访问位为 0，于是放入 8，然后将访问位由 0 置为 1，然后指针下移，得到图 1-125（h）。

步骤 08 第五个页面走向为 6，此时指针指向处有数据 6，为 6，且访问位为 0，于是将访问位由 0 变 1，然后指针下移，得到图 1-125（i）。

步骤 09 第六个页面走向为 5，此时指针指向处有数据 4，非 5，且访问位为 0，于是放入 5，然后将访问位由 0 置为 1，然后指针下移，得到图 1-125（j）。页面置换流程结束。

4. 最佳置换算法（OPT）

最佳置换算法所选择的淘汰页面是以后永不使用或在未来最长时间内不再被访问的页面。最佳置换算法可保证最低的缺页率，但是我们无法预知哪一个页面是未来最长时间内不再被访问的，因而该算法是无法实现的。我们常利用 OPT 算法去评价其他页面置换算法的优劣。

1.5.5 虚拟内存

面试官提问

- 什么是虚拟内存？
- 什么是内存分段？缺点是什么？
- 什么是内存分页？如何实现逻辑地址到物理地址的映射？

如果 CPU 直接操作内存的物理地址，那么在空间没有隔离的情况下，同时运行多个程序可能会出现非预期内的结果。比如，程序 A 在地址 XXXX 的位置进行写入操作，会擦除程序 B 存放在相同位置上的数据。因此，同时运行多个程序，地址空间不隔离会有程序崩溃的风险。为了解决这个问题，出现了虚拟内存的概念。所谓虚拟内存，是指为每个进程分配独立的虚拟地址，它们互不干涉，虚拟地址由操作系统负责映射到物理内存。常见的虚拟内存管理方式有分段和分页。

1. 内存分段

如果不分段，内存的换入和换出都以整个进程内存空间为单位，非常耗时，因此将内存区域分成数据段、代码段、堆栈段等几个区域，在程序载入内存时，可以先将程序必需的几个段载入内存，而不用将整个程序载入内存。内存分段下的地址映射过程如图 1-126 所示。

- 虚拟地址由段选择因子和段内偏移量组成。
- 通过段选择因子中的段号从段表中找到对应的段内描述符。
- 段描述符包含段基址，虚拟地址中的段内偏移量应该位于0和段界限之间，如果段内偏移量是合法的，就将段基地址加上段内偏移量得到物理内存地址。

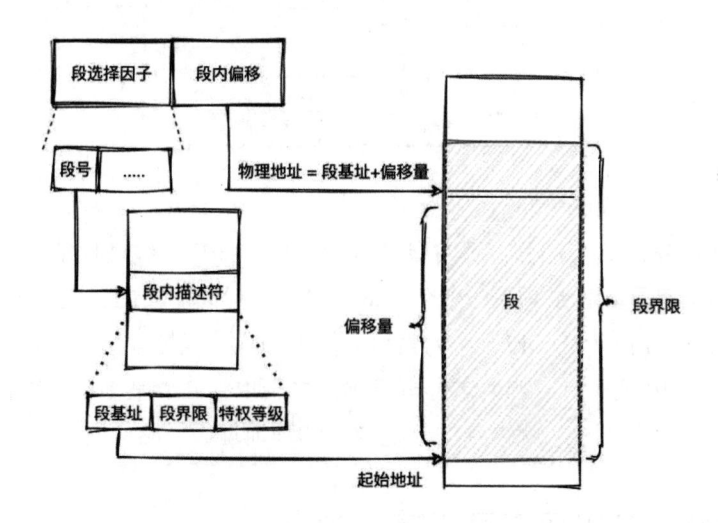

图 1-126　内存分段

2. 内存分页

分段的好处是能产生连续的内存空间，但是会出现内存碎片和内存交换空间太大的问题。举例来说，假设应用程序可用内存为 100MB。

（1）载入程序 A，从内存中分配出 15MB 给程序 A，内存剩余 85MB。

（2）载入程序 B，从内存中分配出 40MB 给程序 B，内存剩余 45MB。

（3）载入程序 C，从内存中分配出 12MB 给程序 C，内存剩余 33MB。

（4）程序 A 退出，内存剩余 33 + 15MB。

（5）载入程序 D，从内存中分配出 40MB 给程 D。

程序 A 退出后，虽然内存有 48MB 空闲空间，但没有连续的 48MB 可用空间，因此程序 D 无法被载入，此时，33MB 和 15MB 这两片区域成为无法使用的内存碎片。由此出现了分页的内存管理方式，默认情况下，每页大小为 4KB。分页内存管理的示意图如图 1-127 所示。

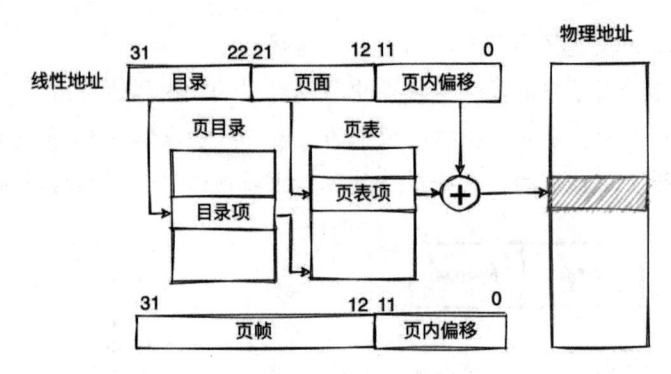

图 1-127　内存分页

线性地址被分为了 3 部分：页目录、页面、页内偏移。线性地址的高 10 位（31～22）用作一级页目录，目录项有 2^{10} 个，每个目录项指向对应的二级页表，二级页表使用线性地址中间 10 位（21～12）作为索引。简单来说，线性地址高 10 位（31～22）定位目录项；中间 10 位（21～12）定位页表项，页表项存储了基地址；线性地址低 12 位存储了偏移量；组合在一起就得到的就是内存物理地址。

1.5.6　为什么多级页表可以节省内存

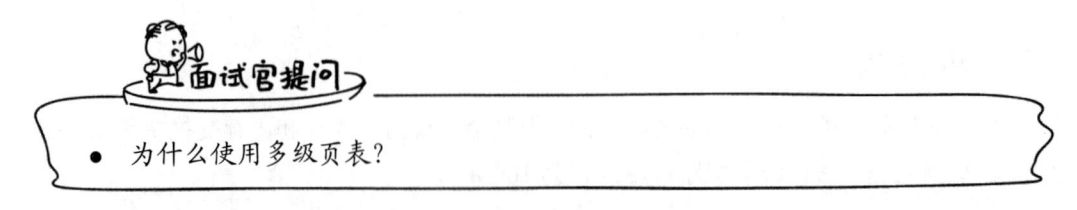

面试官提问

- 为什么使用多级页表？

二级页表在需要时创建，可以节省内存如图 1-128 所示。举例来说：每条页表项占 4B，每个页表项映射 4KB 空间，假设进程需要 4GB 空间。

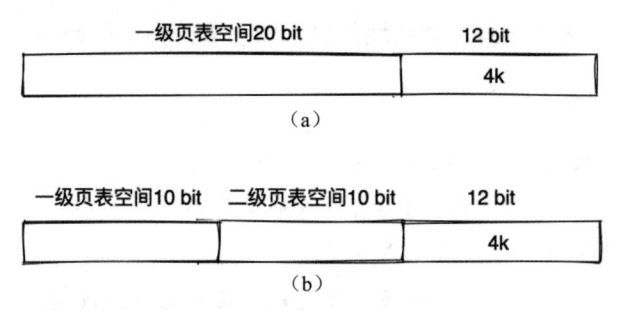

图 1-128 多级页表可以节省空间

- 如图1-128（a）所示，使用一级页表：进程需要2^{20}个页表项（4GB / 4KB =2^{20} = 1M），每个页表项占用4B空间，因此，一级页表占用4MB内存空间（1M × 4B = 4MB）。
- 如图1-128（b）所示，使用二级页表：一级页表项有2^{10}个（4GB / 4MB = 2^{10} = 1K），每个一级页表项对应2^{10}个二级页表项（4MB / 4KB = 2^{10} = 1K），这样页表占用4.004MB（1K × 4B + 1K × 1K × 4B = 4.004MB）的内存空间。但假如只有40%的一级页表项被用到，那么页表占用的内存空间就只有1.604MB（1K × 4B+0.4 × 1K × 1K × 4B=1.604MB）。如果一级页表的页表项没有用到，就不需要创建这个页表项对应的二级页表。一般情况下，程序不会占用全部内存空间，因此多级页表是可以节省内存的。

1.5.7 死锁及其产生的条件

面试官提问

- 什么是死锁？
- 产生死锁的条件是什么？
- 怎样才能避免死锁？

1. 死锁

所谓死锁是指两个或两个以上的进程在执行过程中，由于竞争资源造成的一种阻塞的现象，在未改变这种状态之前进程都不能向前推进，就说这一组进程产生了死锁。通俗地讲，就是两个或多个进程无限期地阻塞、相互等待的一种状态。

2. 死锁产生的4个必要条件

- 互斥：在一段时间内某资源仅被一个进程占用。
- 占有并等待：一个进程必须占有至少一个资源，并等待另一个资源，而该资源被其他进程占有。
- 非抢占：进程已获得的资源在未使用完之前不能被强行剥夺。
- 循环等待：若干进程之间形成一种头尾相接的环形等待资源关系。

打破任何一个必要条件就可以避免死锁。

1.5.8 线程状态转换

- 线程的5种状态及流转过程是什么？
- blocked状态与waiting状态有什么区别？

线程的 5 种状态是就绪状态（runnable）、运行状态（running）、阻塞状态（blocked）、等待状态（waiting）和终止状态（terminated）。5 种状态的流转过程如图 1-129 所示，新建线程 start 后，进入就绪状态，获取时间片后，进入运行状态。若竞争锁失败则进入阻塞状态，同步块释放，当前线程获取锁后进入就绪状态；运行态的线程若调用 wait() 方法释放 CPU 执行权并释放锁则进入等待队列，处于等待状态的线程需要 notify() 唤醒。线程正常执行结束后进入 terminated 状态。

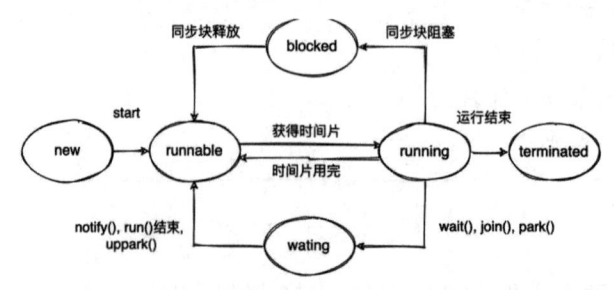

图 1-129　线程运行状态

1.5.9 进程调度策略

> - 进程调度策略有哪些？比较其优缺点。

进程调度策略有以下 6 点。

1. 先来先服务、非抢占

先请求 CPU 的进程先分配到 CPU，如果长作业到达，就会使短作业长期等待

2. 最短作业优先

将处理机分配给预估运行时间最短的进程，后来的短作业不能剥夺正在运行的进程，平均等待时间最短，但长作业容易造成饥饿。

3. 高响应比优先算法

响应比的公式如下：

$$响应比 = \frac{等待时间 + 要求服务时间}{要求服务时间}$$

由公式可以知道：

- 当作业等待时间相同时，要求服务的时间越短，响应比越高。
- 当要求服务时间相同时，等待时间越长，响应比越高。

因此它兼顾了长、短作业的整体等待时间，不存在饥饿现象。

4. 优先级调度算法

优先级越高，则越优先分配到 CPU，相同优先级先到先服务，低优先级进程会出现饥饿现象。

5. 时间片轮转调度算法

系统将所有就绪进程按先来先服务（Firt Come First Served，FCFS）原则排成一个

队列，每次调度时把 CPU 分配给队首进程，执行一个时间片的时间，如果进程未能完成执行，则中断进入队尾排队。若时间片足够长，则该算法退化成先来先服务；若时间片太短，则用户响应时间就会变长。

6. 多级队列调度算法

该算法设置多个优先级队列，其中优先级越高的队列，执行的时间片的时间就越短。进程首先放入第一优先级队列中，按 FCFS 算法执行，若该进程在某一个时间片内执行完成，则正常退出；否则进入下一个优先级较低的队列队尾，以此类推。操作系统在前面 $k-1$ 个队列为空时，才处理第 k 个队列。当前一个较高优先级队列一直不为空时，后面低优先级的队列就会出现饥饿现象。

1.5.10 线程同步有哪几种方式

- 线程同步有哪几种方式？

线程同步主要有以下两种方式：

（1）锁 Synchronized/Lock：只有拥有锁的线程才能访问临界资源。

（2）信号量 Semaphore：它允许同一时刻多个线程访问同一资源，但是需要控制同一时刻访问此资源的最大线程数。

1.5.11 内存颠簸

- 什么是内存颠簸？
- 怎么解决内存颠簸问题？

所谓内存颠簸，是指频繁发生缺页中断，当置换了某一页时，又立刻再次需要这个页。频繁缺页中断使得整个系统的效率急剧下降，这种现象称为颠簸。使用合适的页面置换策略或者增加物理内存可解决颠簸问题。

1.5.12 局部性原理

> **面试官提问**
> - 请介绍什么是时间/空间局部性原理？

时间上的局部性是指最近被访问的页在不久的将来还会被访问。
空间上的局部性是指存储中的某个位置被访问，其周围的位置也很可能被访问。

1.6 计算机网络

计算机网络涉及的内容十分丰富与广泛，笔者只抽取日常面试需要的内容形成本节，具体涉及的知识点包括：TCP 与 UDP 的区别、滑动窗口、拥塞控制、重传机制、流量控制、三/四次握手、粘包拆包、HTTPS 非对称安全加密通信等。

1.6.1 TCP 与 UDP 的区别

> **面试官提问**
> - TCP与UDP的区别是什么？

UDP（User DaTagram Protocol，用户数据报协议）是 OSI 参考模型中一种无连接的传输层协议，TCP（Transmission Control Protocol，传输控制协议）是一种面向连接的、可靠的、基于字节流的传输层通信协议。

两者的主要区别如下：

- TCP是面向连接的，UDP是无连接的，即发送数据前不需要建立连接。

- TCP提供可靠的服务，传送数据无差错、不丢失、不重复且按序到达；UDP尽最大努力交付。
- UDP实时性强，工作效率比TCP高，适用于对传输速度和延迟要求较高的场景，如语音和视频通信等。

1.6.2 滑动窗口

面试官提问

- 什么是滑动窗口？滑动窗口解决了什么问题？
- 滑动窗口大小由谁来决定？

TCP 每发送一个数据，都需要进行一次确认应答，如图 1-130 所示。

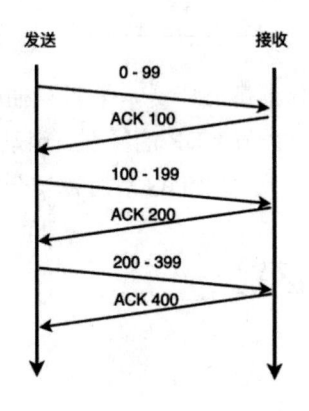

图 1-130 确认应答模式

确认应答的缺点是通信效率低。为了解决该问题，TCP 引入了窗口概念。滑动窗口大小是指无须等待确认应答而可以继续发送数据的最大值。通常滑动窗口的大小由接收方的窗口大小来决定。

1.6.3 拥塞控制

面试官提问
- 拥塞控制的作用与目的是什么？
- 什么是慢开始算法和拥塞避免算法？

拥塞控制的目的是防止过多的数据注入网络中，以避免出现网络负载过大的情况。常见的拥塞控制算法有：慢开始、拥塞避免、快重传、快恢复。

1. 慢开始算法

慢开始是指发送方维持拥塞窗口（Congestion Window，cwnd），窗口大小根据网络的拥塞程度动态调整。发送数据时由小到大逐渐增加拥塞窗口的大小。我们用报文段的个数作为拥塞窗口的大小来举例说明慢开始算法，如图 1-131 所示。

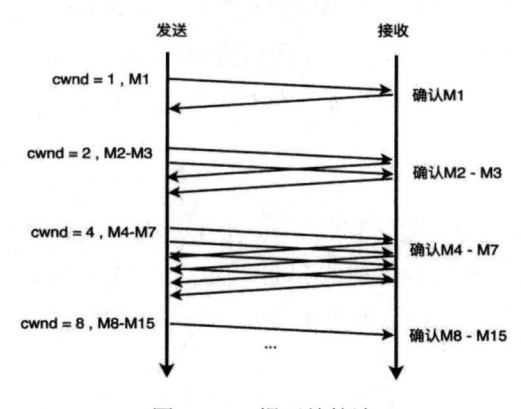

图 1-131　慢开始算法

每经过一个传输轮次，拥塞窗口就增长一倍。为了防止拥塞窗口增长过快导致网络拥塞，设置一个慢开始门限（slow start threshold，ssthresh），当 cwnd < ssthresh 时，使用慢开始算法；当 cwnd > ssthresh 时，使用拥塞避免算法；当 cwnd = ssthresh 时，慢开始与拥塞避免算法都可以。

2. 拥塞避免算法

拥塞避免算法是指每经过一个往返时间（Round-Trip Time，RTT）就把发送方的拥塞窗口加 1。相对于慢开始算法窗口大小的指数增长，拥塞避免算法窗口大小是线性增长的。出现网络拥塞时慢开始门限设置为当前发送窗口大小的一半（但不能小于 2），同时把拥塞窗口大小重新设置为 1，然后执行慢开始算法。

慢开始与拥塞避免算法执行流程如图 1-132 所示，详细说明如下：

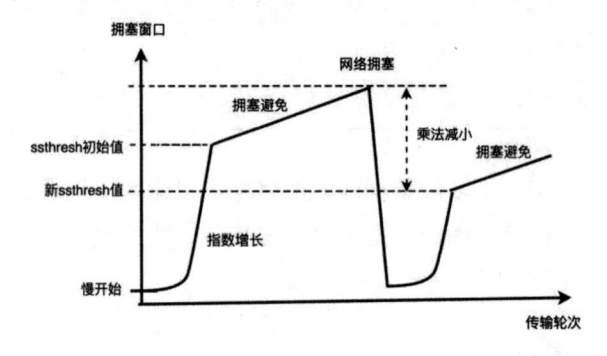

图 1-132　慢开始与拥塞避免算法

（1）初始状态，cwnd = 1， ssthresh = X。

（2）执行慢开始算法，窗口大小指数增长至 cwnd = sthresh，此时执行拥塞避免算法。

（3）当 cwnd = Y 时，出现网络拥塞，新的 ssthresh = Y/2，cwnd 重新设置为 1，并执行慢开始算法。当 cwnd=Y/2 时，重新执行拥塞避免算法。

3. 快重传算法

快重传算法要求发送方只要一连收到 3 个重复确认就立即重传对方尚未收到的报文，而不必等到设置的重传计时器时间到期。如下图 1-133 所示，发送方收到 3 个连续的对 M2 确认，认为 M3 丢失，立即重传 M3。

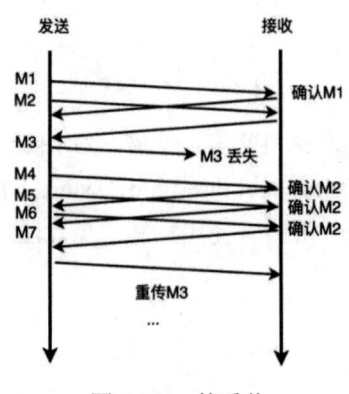

图 1-133　快重传

4. 快恢复算法

快恢复算法是指当发送方连续收到 3 个重复确认时，为了预防网络拥塞将门限值调整为当前窗口大小的一半，同时将 cwnd 设置为新门限值，然后执行拥塞避免算法，如图 1-134 所示。

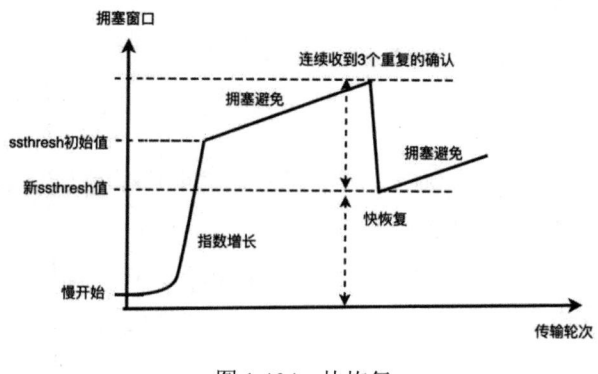

图 1-134 快恢复

1.6.4 重传机制

- TCP 重传机制有哪些？
- 超时重传、快速重传、SACK、D-SACK 区别的是什么？

TCP 重传机制主要有以下几种：

1. 超时重传

超时重传是指发送某一个数据时开启计时器，如果超过指定时间还没有收到 ACK 报文，那么就重新发送数据，如图 1-135 所示。TCP 会在两种情况下发生超时重传：数据包丢失与确认应答丢失。

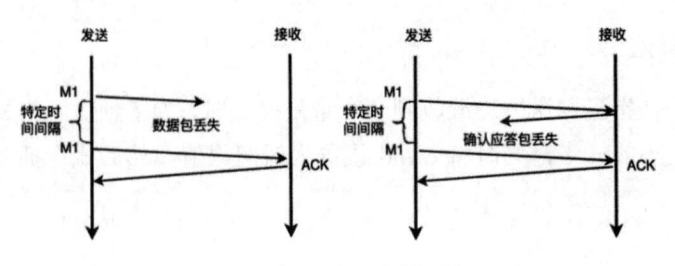

图 1-135　超时重传场景

2. 快速重传

快速重传是指发送方连续收到 3 个重复确认就立即重传对方尚未收到的报文段，而不必继续等待设置的重传计时器时间到期。

在图 1-136 中，发送端发送 M1～M5 报文段：M1 到达，接收方 ACK=M2；M2 丢失，M3、M4、M5 到达，接收方均为 ACK=M2；发送端连续收到了 3 个 ACK=M2，认为 M2 丢失，在定时器过期之前重传 M2。

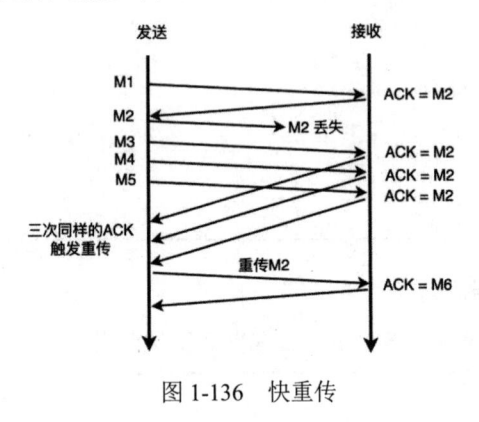

图 1-136　快重传

3. Selective Acknowledgment，SACK

快速重传机制解决了超时时间的问题，而 SACK 使得接收方能告知发送方丢失了哪些报文、哪些报文已经收到等信息，TCP 只重传丢失的报文段。如图 1-137 所示，发送方连续 3 次收到 ACK=M2，触发快速重传机制，SACK 告诉发送端，接收端已经先后收到 M4、M4-5、M4-6，发送端只需重发 M2-3。

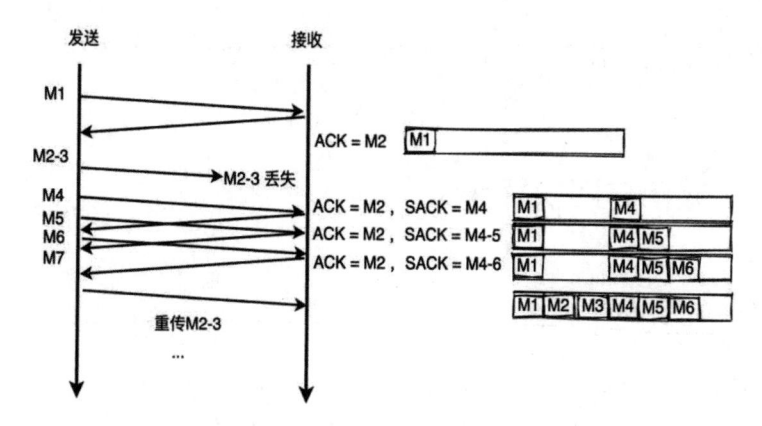

图 1-137　SACK 重传丢失的包

4. D-SACK

Duplicate SACK 又称 D-SACK，它可以告诉发送方有哪些数据包被重复接收，如图 1-138 所示。

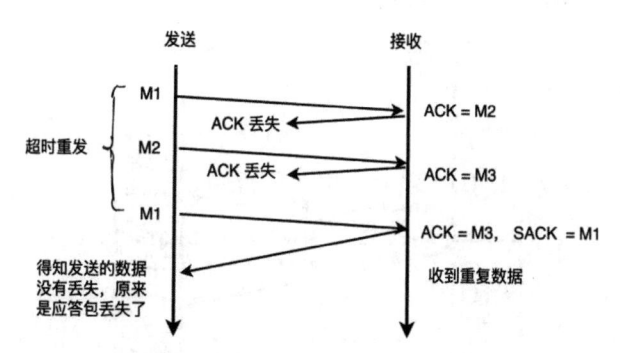

图 1-138　D-SACK 告诉发送方哪些数据包被重复接收

发送 M1-2，由于 ACK 确认应答丢失，因此触发 M1 超时重传，但 M1 已被接收方接收，于是 SACK=M1，告诉发送方 M1 被重复接收，同时 ACK=M3，确认 M3 之前的数据都已收到。该场景下 SACK 代表着 D-SACK，告知发送方数据没有丢失，是接收方的 ACK 报文丢失了。

1.6.5　流量控制

如果发送方发送数据过快，接收方就可能来不及接收，进而导致数据的丢失。流量控制由滑动窗口协议实现，接收方返回的 ACK 中包含自己的接收窗口的大小，用它来控制发送方的数据发送。流量控制是通过控制发送者的发送速度从而使接收者来得及接收。

1.6.6 三次握手与四次挥手

> **面试官提问**
> - 请说明三次或者四次挥手的流程。
> - 为什么建立连接需要三次握手，释放连接需要四次挥手？
> - 释放连接时客户端为什么要等待2MSL时间后才关闭？

1. 三次握手建立连接

三次握手建立连接如图 1-139 所示。

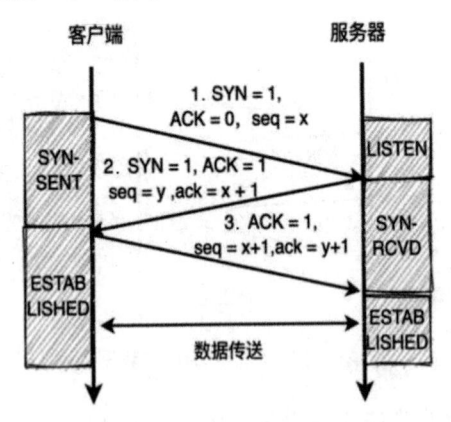

图 1-139 三次握手

步骤01 客户端向服务器端发送 TCP 报文，SYN = 1，ACK = 0 表示客户端请求向服务器端建立连接，序号为 seq = x；随后客户端进入 SYN-SENT 阶段。

步骤02 服务器端收到来自客户端的 TCP 报文，结束 LISTEN 阶段，并返回 SYN=1、ACK=1，表示同意建立连接；ack = x+1 表示确认收到来自客户端序号为 x 的报文；随后服务器端进入 SYN-RCVD 阶段。

步骤03 客户端收到服务器端的确认，结束 SYN-SENT 阶段，并返回 TCP 报文，ACK=1，ack=y+1 表示确认服务器端同意建立连接；随后客户端进入 ESTABLISHED 阶段。

2. 四次挥手

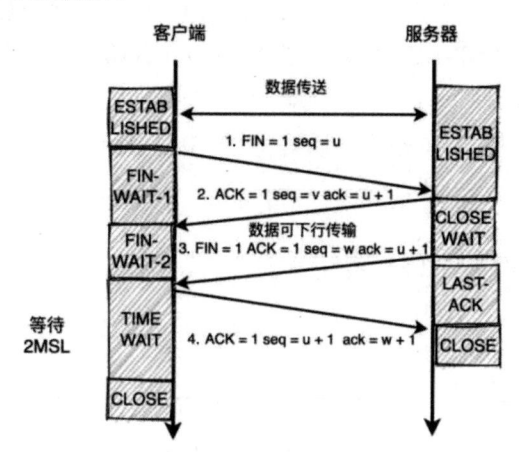

四次挥手如图 1-140 所示。

图 1-140 四次挥手

步骤01 客户端向服务器端发送的 TCP 报文中标记位为 FIN = 1，表示请求释放连接，序号为 seq = u；随后客户端进入 FIN-WAIT-1 阶段，即半关闭阶段，并且在客户端到服务器端方向上停止发送业务数据，但此时客户端可以接收从服务器端传输过来的业务数据。

步骤02 服务器端收到连接释放请求后，结束 ESTABLISHED 阶段进入 CLOSE-WAIT 阶段(半关闭状态)。服务器端返回序号为 seq=v 的 TCP 报文，ACK=1, ack=u+1，表示接收到客户端发送的释放连接的请求；随后服务器端开始准备释放服务器端到客户端方向上的连接。客户端收到从服务器端发出的序号为 seq = v 的 TCP 报文，确认服务器收到了客户端发出的连接释放请求，随后客户端进入 FIN-WAIT-2 阶段。

步骤03 服务器端经过 CLOSED-WAIT 阶段，完成释放服务器端到客户端方向上的连接准备，向客户端发出序号为 seq=w 的 TCP 报文，标记位为 FIN=1, ACK=1，表示完成下行数据传输，已准备好释放连接；随后服务器端结束 CLOSE-WAIT 阶段，进入 LAST-ACK 阶段。并且停止在服务器端到客户端方向上的数据传输。

步骤04 客户端收到服务器端的 TCP 报文，确认服务器端做好了连接释放准备，结束 FIN-WAIT-2 阶段，进入 TIME-WAIT 阶段，并向服务器端发送序号为 seq = u + 1 报文，其中标记位 ACK=1，表示收到了服务器端的告知（服务器端已准备好连接释放）；随后客户端开始在 TIME-WAIT 阶段等待 2MSL。

1.6.7　TCP 四次挥手为什么要等待 2MSL

MSL 是 TCP 报文在传输过程中的最大生命周期，服务器端收到客户端第四次挥手发出的 ACK 才会结束 LAST-ACK 阶段，进入 CLOSED 阶段。客户端的 ACK 可能会丢失，服务器端若在 1MSL 时间内没有收到客户端发出的 ACK，就会超时重传 FIN 报文。客户端收到 FIN 会重新发送 ACK 并再次等待 2MSL。等待 2MSL 能够确保服务器端收到 ACK 进入 CLOSED 状态。

1.6.8　一次完整的 HTTP 请求

> **面试官提问**
>
> - 在浏览器中输入 www.baidu.com 后发生了什么？

在浏览器中输入一个网址后，请求处理流程为：域名解析→3 次握手建立 TCP 连接→发起 HTTP 请求→服务器返回数据，浏览器渲染页面。下面进行具体说明。

解析域名流程如下：

- 查询浏览器缓存中是否有 www.baidu.com 对应解析过的 IP 地址，若不存在，则查询操作系统的 DNS 缓存。
- 若操作系统 DNS 缓存中也不存在，则读取 hosts 文件（位置：C:\Windows\System32\drivers\etc），查询文件中是否指定了域名对应的 IP 地址。
- 若 hosts 文件中也不存在，则向本地 DNS 服务器发起域名解析请求，本地 DNS 首先向根域名服务器发起请求，根域名服务器发现域名后缀是 .com，于是将负责 .com 域名解析的顶级域名服务器的 IP 地址返回给本地 DNS 服务器。
- 本地 DNS 服务器向顶级域名服务器发起解析请求，顶级域名服务器又把负责该域名解析的权威服务器的 IP 地址返回给本地 DNS 服务器。
- 本地 DNS 服务器向权威服务器发起域名解析请求，权威服务器解析出 baidu.com 对应的主机 IP 地址返回给本地 DNS 服务器，至此完成了域名解析的全流程。

经过三次握手，建立 TCP 连接后发起 HTTP 请求，服务器端响应数据，浏览器渲染页面，三次握手的详细流程见 1.6.6 节，这里不再赘述。

1.6.9 HTTPS 加密过程

面试官提问

- 什么是对称加密、非对称加密？两者的优缺点是什么？
- 通信双方使用两对公、私钥，即互相持有对方公钥进行非对称加密通信可以保障通信安全吗？
- 了解中间人攻击问题吗？
- 请说明数字签名的制作过程，并解释数字签名是怎么防篡改的。

1. 对称与非对称加密

- **对称加密**：所谓对称加密其实就是加密与解密使用同一把密钥。
- **非对称加密**：一对密钥（公钥与私钥），使用其中一个密钥进行加密，另一个密钥进行解密。比如若使用公钥加密，则用私钥解密；若使用私钥加密，则用公钥解密。

对称加密计算速度快，但需要通信双方保证密钥安全性；非对称加密可将公钥公开，安全性高，解决了对称加密中密钥管理和分发可能存在不安全的问题，但是计算速度慢。

2. 使用两组非对称密钥可以保证通信安全吗

使用两组非对称密钥不可以保证通信安全。举个例子，客户端与服务器端通信，服务器端拥有公钥 A 与对应的私钥 A′；客户端拥有公钥 B 与对应的私钥 B′。客户端把公钥 B 明文传输给服务器端，服务器端把公钥 A 明文给传输给客户端，之后客户端向服务器端传输数据都用公钥 A 加密，服务器收到后用私钥 A′解密。同理，服务器端向客户端传输数据都用公钥 B 加密，客户端收到后用私钥 B′解密。私钥被通信发起方安全持有，使用两对密钥看起来可以保证信息安全，但其实存在非对称加密耗时与中间人攻击问题。

1）非对称加密耗时问题

相对于对称加密而言，非对称加密是耗时的，因此仅使用非对称加密的方式传递对称加密的密钥，后续数据通信使用对称密钥加解密。举个例子：有非对称加密的公钥 A、私钥 A′，客户端向服务器发起请求，服务器把公钥 A 明文给传输客户端；客户端生成一个用于对称加密的密钥 X，用公钥 A 加密后传输给服务器端；服务器端拿到后用私钥

A'解密得到对称密钥X。这样双方就都拥有了对称密钥X，接下来双方所有数据都通过密钥X加解密。

2）中间人攻击问题

中间人攻击如图1-141所示。

- 服务器端有公钥A、私钥A'，服务器端把公钥A明文传输给客户端。
- 中间人劫持公钥A并保存，同时把公钥A替换成自己伪造的公钥B（中间人拥有公钥B对应的私钥B'）。
- 客户端生成一个用于对称加密的密钥X，用公钥B加密后传输给服务器端。
- 中间人劫持客户端消息，用私钥B'解密得到密钥X，再用公钥A加密后传输给服务器端。
- 服务器端拿到后用私钥A'解密得到密钥X。
- 后续客户端与服务器端使用密钥X加解密，但该密钥已被中间人窃取。

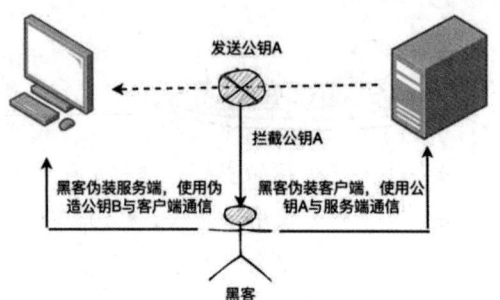

图1-141 中间人攻击

3. 数字签名保障证书不被篡改

服务器端的维护方需要向证书授权中心（Certificate Authority，CA）申请一份数字证书，其中包含证书持有者、公钥等信息。服务器端把证书传输给客户端，客户端从证书里获取公钥。为了保证证书在传输过程中不被篡改，使用了数字签名技术。数字签名的制作过程如图1-142所示。

步骤01 CA机构拥有非对称加密的公私钥。

步骤02 CA机构对证书明文数据X进行哈希。

步骤03 对明文数据哈希后的值Y用私钥加密得到数字签名Z。

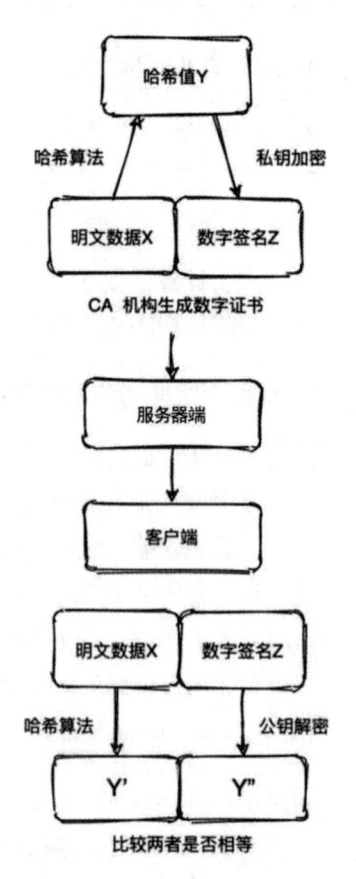

图1-142 加签与验签过程

明文和数字签名组成了数字证书,颁发给服务器端维护者。服务器端将数字证书传输给客户端,客户端验证过程如下:

步骤01 客户端获取证书后,得到明文 X 和数字签名 Z。
步骤02 用 CA 机构的公钥对 Z 解密得到 Y″。
步骤03 对明文数据 X 进行哈希得到 Y′,这里的哈希算法必须与生成数字证书用到的哈希算法相同。
步骤04 若在整个数据传输过程中,数字证书未被篡改,则 Y′== Y″。

1.6.10 TCP 粘包与拆包

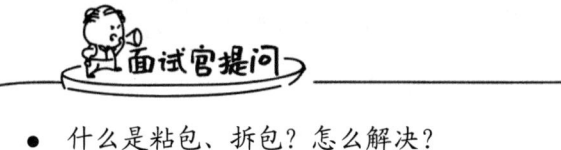

面试官提问

- 什么是粘包、拆包?怎么解决?

UDP 有消息保护边界,不会发生粘包、拆包问题,因此该问题只存在于 TCP 中。例如,客户端向服务器端发送了两个数据包,出现以下 3 种情况:

(1)数据收发正常,服务器端正常接收到两个包,如图 1-143 所示。

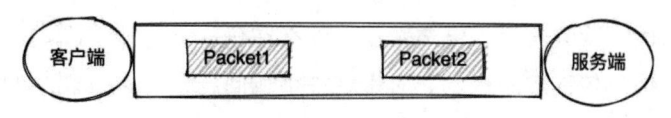

图 1-143 数据正常发送和接收

(2)服务器端只接收到一个数据包,这个数据包中包含了客户端发送的两个数据包的信息,这种现象叫粘包,如图 1-144 所示。

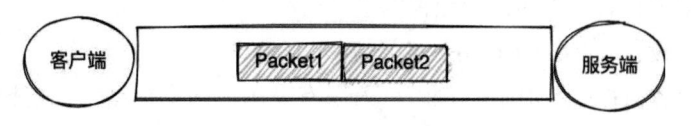

图 1-144 粘包

(3)服务器端接收到缺失的和多出来一块的两个数据包,这种现象叫拆包和粘包,如图 1-145 所示。

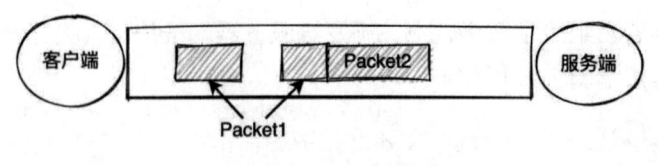

图 1-145　拆包和粘包

粘包、拆包的解决办法如下：

（1）将消息分为头部和消息体，头部中保存当前整个消息的长度，接收端在读取到足够长度的消息之后才算是获得了一个完整的消息。

（2）发送固定长度的数据包，若不足则补齐默认值，接收方每次读取固定长度的数据就可以把每个数据包安全拆分出来。

（3）在数据包之间设置分隔符，接收端通过边界将不同的数据包拆分开。

1.6.11　Nagle 算法

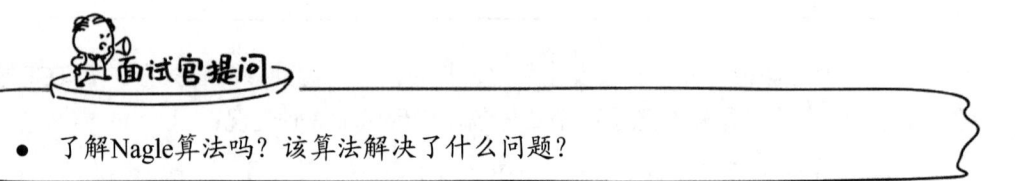

> 面试官提问
> - 了解 Nagle 算法吗？该算法解决了什么问题？

如果应用程序一次只产生 1 字节数据，那么在传输上可能造成 41 字节的包（40 字节首部数据），信息传输效率极低。对于这种小包问题，Nagle 算法可以很好地解决。算法规则如下：

（1）如果包长度达到最大分段大小（Maximum Segment Size，MSS），则允许发送。

（2）如果该包含有 FIN，则允许发送。

（3）如果设置了 TCP_NODELAY，则允许发送。

（4）未设置 TCP_CORK 选项时，若所有发出去的小数据包（包长度小于 MSS）均被确认，则允许发送。

（5）上述条件都未满足，但发生了超时，则立即发送。

总结一下，Nagle 的核心思想是网络中最多只能有一个未被确认的小分组。

1.7 Spring

Spring 框架是一个开放源码的 J2EE 应用程序框架，是针对 Bean 的生命周期进行管理的轻量级容器，提供了功能强大的 IOC、AOP 及 Web MVC 等功能。本节内容主要包括：Bean 的作用域、Bean 的生命周期、Bean 的循环依赖、AOP 与 IOC、Spring 事务实现原理以及事务失效的可能场景。

1.7.1 Spring Bean 的作用域

> 面试官提问
> - singleton 与 prototype 作用域的区别是什么？

当一个 Bean 的作用域为 singleton 时，Spring IoC 容器中只会存在一个共享的 Bean 实例。

当一个 Bean 的作用域为 prototype 时，一个 Bean 定义会对应多个对象实例。每次对该 Bean 请求（调用容器的 getBean() 方法）时都会创建一个新的 Bean 实例。

除此之外，request、session、globalsession 作用域在日常开发中不常用。

1.7.2 Spring Bean 的生命周期

> 面试官提问
> - 请说明 Spring Bean 完整的生命周期？

在 Spring 中，每个 Bean 的生命周期大致如图 1-146 所示。

```
          实例化Bean
             ↓
         设置对象属性
             ↓
        注入xxxAware接口
             ↓
       BeanPostProcessor
          前置处理
             ↓
      调用InitializingBean
      afterPropertiesSet()方法
             ↓
       BeanPostProcessor
          后置处理
             ↓
   实现DispostbleBeanBean 接口
   实例销毁前将执行destory()方法
```

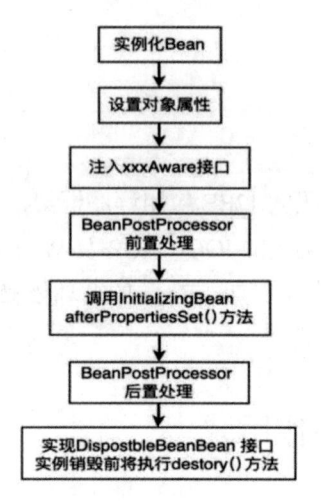

图 1-146　Spring Bean 的生命周期

1. 实例化Bean

ApplicationContext 容器启用后，就实例化所有的 Bean，但并未进行依赖注入。与之不同的是，BeanFactory 容器对 Bean 是延迟加载的。

2. 设置对象属性（依赖注入）

Spring 根据 BeanDefinition 中的信息进行依赖注入。

3. 注入 xxxAware 接口

Spring 检测对象是否实现了 xxxAware 相关接口。如果 Bean 实现了 BeanNameAware 接口，则 Spring 通过回调 setBeanName()方法让 Bean 获取自己在容器中的名字；如果 Bean 实现了 ApplicationContextAware 接口，则 Spring 容器将调用 setApplicationContext (ApplicationContext ctx)方法，把应用上下文作为参数传入。类似的接口有很多，不一一列举。

4. BeanPostProcessor前置处理

至此，Bean 对象已经被构造，若要在对象被使用前进行一些自定义的处理，可以通过 BeanPostProcessor 接口实现。该接口提供了两个函数：

- postProcessBeforeInitialzation(Object bean, String beanName)。
- postProcessAfterInitialzation(Object bean, String beanName)。

当前正在初始化的 Bean 对象会被传递进来，我们可以对这个 Bean 对象做任何处理。postProcessBeforeInitialzation 函数会先于 InitialzationBean 执行，因此称为前置处理。postProcessAfterInitialzation 函数会在 InitialzationBean 完成后执行，因此称为后置处理。

5. InitializingBean 与 init-method

当 BeanPostProcessor 的前置处理完成后，如果当前 Bean 实现了 InitializingBean 接口，则 Spring 会回调执行 afterPropertiesSet()函数，该函数并不会把当前 Bean 对象传递进来，因此在这一步无法处理对象本身，只能增加一些额外的逻辑。Spring 为了降低对代码的侵入性，给 Bean 的配置提供了 init-method 属性，该属性指定了在这一阶段需要执行的函数名。

6. DisposableBean 和 destroy-method

若 Bean 实现了 DispostbleBean 接口，则 Bean 实例在销毁前将执行 destroy 方法。在配置文件中对 Bean 使用 destroy-method 属性可以起到相同的作用。

1.7.3 Spring IoC

IoC（Inversion of Control，控制反转）是指将对象的控制权转移给 Spring 框架，由 Spring 来负责管理对象的生命周期（比如创建、销毁）和对象间的依赖关系。

1.7.4 Spring AOP

> **面试官提问**
> - Spring AOP 的实现原理是什么？
> - JDK 的动态代理的实现原理是什么？
> - CGLib 实现动态代理的原理是什么？
> - 对比 JDK 动态代理与 CGLib 的优缺点对比。

Spring 的 AOP（Aspect Oriented Programming，面向切面编程）是通过动态代理实现的。如果为 Spring 的某个 Bean 配置了切面，那么 Spring 在创建这个 Bean 的时候，实际上创建的是这个 Bean 的一个代理对象，后续对 Bean 中方法的调用，实际上调用的是代理类重写的代理方法。Spring 的 AOP 使用了两种动态代理，分别是 JDK 的动态代理以及 CGLib 的动态代理。

1）JDK 动态代理

类若实现了接口，则 Spring 默认使用 JDK 的动态代理实现 AOP。JDK 动态代理中有两个关键的类或者接口：第一个是 InvocationHandler 接口，使用 JDK 的动态代理需要编写一个类去实现 InvocationHandler 接口，重写 invoke 方法，这个方法就是我们提供的代理方法，前后可以织入逻辑；第二个是 Proxy 类，通过这个类的 newProxyInstance 方法可以返回代理对象。生成的代理类实现了原来那个类的所有接口，并对接口的方法进行了代理，我们通过代理对象调用这些方法时，底层通过反射最终调用我们实现的 invoke 方法。

2）CGLib 动态代理

CGLib 动态代理底层采用了 ASM 字节码生成框架，直接对需要代理的类的字节码进行操作，生成这个类的子类，并重写类的所有可重写的方法，在重写的过程中，写入额外的逻辑对方法进行增强。

JDK 动态代理与 CGLib 动态代理的区别总结如下：

（1）JDK 动态代理是 JDK 原生的，它要求类必须实现接口；JDK 动态代理通过反射机制生成代理类的速度要比 CGLib 操作字节码生成代理类的速度更快，但执行代理方法时，反射机制效率比较低，因此，CGLib 执行代理方法的效率要高于 JDK 动态代理。

（2）使用 CGLib 代理的类，不要求实现接口，但被代理的类不能被 final 修饰。

1.7.5　Spring 三级缓存解决 Bean 循环依赖

面试官提问

- 什么是循环依赖？可以举个例子吗？
- Spring 是怎么解决循环依赖的？
- Spring 使用第三级缓存主要是为了解决什么问题？

Spring Bean 循环依赖是指两个以上的 Bean 互相持有对方而形成循环。比如 A 依赖 B，B 依赖 A。Spring Bean 循环依赖问题是通过三级缓存和引用提前暴露机制来解决的：

- singletonObjects：一级缓存，存储经历了完整生命周期的 Bean 对象。
- earlySingletonObjects：二级缓存，存储提前暴露出来的 Bean 对象，其生命周期未结束，属性未完全填充。
- singletonFactories：三级缓存，存储生成 Bean 的工厂。

若 A 和 B 互相依赖，则利用三级缓存实现 Bean 装配的过程如下：

步骤01 A 实例化过程中发现依赖 B，于是先将 A 存储在三级缓存，然后去实例化 B。

步骤02 B 实例化的过程中发现需要 A，于是 B 首先在一级缓存中查询 A，若一级缓存中不存在，则继续查询二级缓存，若二级缓存中不存在，则继续查询三级缓存，最终匹配到 A，然后将三级缓存中的 A 清除并转移至二级缓存。

步骤03 B 匹配到 A 后完成实例化，将自己存储在一级缓存中，此时 B 依赖的 A 属于提前暴露出来的 Bean，接下来需要继续完成 A 的实例化，此时，可以从一级缓存中获取 B 来完成 A 的最终创建，实例化完成后 A 被放入一级缓存。

1.7.6　Spring 事务实现

> **面试官提问**
> - Spring 事务实现的原理是什么？
> - 你可以自己动手实现 Spring 事务注解方法吗？

事务具有原子性（Atomicity）、一致性（Consistency）、隔离性（Isolation）和持久性（Durability），简称 ACID。事务只能依靠数据库实现。在 Spring 中通过 ThreadLocal 将业务线程与数据库连接绑定，多个数据库操作在一个连接中手动提交或者回滚事务。这就是 Spring 实现事务的原理。

下面用一个简单的例子来解释。

1. 存在问题的事务方法

```
public void transfer(long userA, long userB, Long money) {
```

```
    //模拟扣减转账人余额
    dao.updateBalanceByAccount(userA, -money);
    //触发异常
    int i = 1/0 ;
    //模拟增加收款人余额
    dao. updateBalanceByAccount (userB,money);
}
```

问题分析：数据库两次操可能不是同一个数据库连接，每个连接完成操作后会默认自动提交。这种情况下，对用户 B 操作失败无法回滚对用户 A 的操作。

2. 事务实现的简单说明

（1）数据库连接管理类实现：

```
public class ConnectionUtils {
    //创建一个 ThreadLocal,业务线程与数据库连接绑定
    private ThreadLocal<Connection> t = new ThreadLocal<Connection>();

    //自动注入数据源
    @Autowired
    public DataSource dataSource;

    /**
     * 获取数据库连接
     */
    public Connection getConnection() {
        Connection conn = t.get();
        //如果连接为空就通过datasource获取一个connection,并且放入ThreadLocal
        if (conn == null) {
            conn = dataSource.getConnection();
            t.set(conn);
        }
        return conn;
    }

    /**
     * 移除当前线程的连接
     */
```

```java
    public void removeConn(){
        t.remove();
    }
}
```

（2）多个数据库操作在一个连接中手动提交或者回滚事务：

```java
public class TransactionManger {
    @Autowired
    private ConnectionUtils countUtils;
    /**
     *开启事务，关闭自动提交
     */
    public void beginTrans(){
        countUtils.getConnection ().setAutoCommit(false);
    }

    /**
     *提交事务
     */
    public void commit(){
        countUtils.getConnection ().commit();
    }
    /**
     *回滚事务
     */
    public void rollback(){
        countUtils.getConnection().rollback();
    }
    /**
     *释放连接
     */
    public void release(){
        countUtils.getConnection ().close();
        countUtils.removeConn();
    }
}
```

（3）完成业务逻辑：

```
public void transfer(long userA, long userB, Long money) {
    TransactionManger manger = new TransactionManger ();
    //开启手动提交
    manger.beginTrans();
    try {
        //保证在同一个数据库连接上执行两次SQL
        //减钱
        dao.updateBalanceByAccount(userA, -money);
        //触发异常
        int i = 1/0 ;
        //加钱
        dao.updateMoneyByAccount (userB,money);
        //提交事务
        manger.commit();
    }catch (Exception e){
        //当出现问题时回滚事务
        manger.rollback();
    }finally {
        //释放连接
        manger.release();
    }
}
```

Spring 事务注解@Transational 通过 AOP 代理自动完成上述代码中事务的开启、提交与回滚，但本质相同。

1.7.7 Spring 事务失效的典型场景

面试官提问

- 典型的Spring事务失效场景有哪些？

典型的 Spring 事务失效场景有以下 4 种：

（1）使用的数据库存储引擎不支持事务，比如 MyISAM 引擎是不支持事务操作的。

（2）Bean 没有被 Spring 管理，比如@Service 注解被注释了：

```
// @Service
public class ServiceImpl implements Service {
    @Transactional
    public void update (…) {
        // 更新
    }
}
```

（3）自身调用，没有经过 Spring 的代理类。

下面的代码片段中，方法 updateA 上没有事务注解，调用有事务注解的 updateB 方法，updateB 方法上的事务不生效。

```
@Service
public class ServiceImpl implements Service {
    public void updateA(…) {
        updateB(…);
    }

    @Transactional
    public void updateB(…) {
    }
}
```

（4）没有抛出异常：

```
// @Service
public class ServiceImpl implements Service {
    @Transactional
    public void update (…) {
        try {
            // 业务处理
        } catch {
            //这里没有往上抛出异常
        }
    }
}
```

1.7.8　Spring 中 BeanFactory 和 ApplicationContext 的区别

> **面试官提问**
> - BeanFactory和ApplicationContext的区别是什么？

ApplicationContext 配置的 Bean 是预先加载的，浪费内存。BeanFactory 延迟加载，配置的 Bean 只有在使用时（调用 getBean()）才对该 Bean 进行实例化，优点是节约内存，缺点是速度比较慢。

1.8　ZooKeeper

ZooKeeper 是一个开源的分布式协调服务，其设计目标是将那些复杂且易错的分布式一致性服务封装起来，构成一个高效可靠的源语集，并以一些简单的接口提供给用户使用。本节讲述的内容包括：ZK 节点的类型、集群角色、选举过程、原子广播协议、顺序一致性、使用场景，以及与 Eureka 的对比。

1.8.1　ZooKeeper 典型使用场景

> **面试官提问**
> - 谈谈ZooKeeper典型的使用场景。

ZooKeeper 典型使用场景主要有以下 3 个。

1. **分布式锁**

在开发业务功能时常需要使用定时任务来触发事件，假如我们的服务集群有 n 台服务器，而定时任务又要求时机来临仅被触发一次，则 n 台服务器抢锁成功者执行具体任务。使用 ZooKeeper 实现分布式锁的一般流程如下：

步骤 01 创建一个/distributed_lock 持久化节点。

步骤 02 在/distributed_lock 节点下创建临时顺序节点，比如/distributed_lock/task_00000000001。

步骤 03 获取/distributed_lock 目录下的所有子节点并排序。

步骤 04 判读自己创建的节点是否最小值（第一位）。

步骤 05 如果是最小值，则获取得到锁，执行自己的业务逻辑。

步骤 06 如果不是最小值，则抢锁失败，放弃执行任务。

2. 配置管理

有时需要配置实时生效，比如业务代码中的开关等。如果我们有 n 台服务器，那么硬编码修改起来就会特别麻烦，并且还需要重新发布应用。ZooKeeper 就可以很方便地实现上述类似的功能，其实现步骤如下：

步骤 01 将公共配置存放在 ZooKeeper 节点中。

步骤 02 应用程序可以利用 watch 机制订阅 ZooKeeper 相关节点的更新。

3. 服务注册与发现

举例来说，A 服务根据具体 IP 地址调用 B 服务，若 B 服务部分服务器宕机，则 A 服务需要手动切换 IP 地址到正常的服务器上。该场景下，使用 ZooKeeper 作为注册中心，B 服务的 n 台服务器在指定目录下创建子节点（包含 IP 地址信息），A 服务发起调用前先通过指定目录获取 B 服务的可用节点，然后通过 IP 地址访问。同时 ZooKeeper 动态维护这些节点，一旦发现某服务器异常就删除对应节点，防止节点被 A 服务获取并调用。

1.8.2 ZooKeeper 四种节点类型

面试官提问

- ZooKeeper有哪四种节点？

1. 持久节点（PERSISTENT）

持久节点创建后就一直存在，除非主动删除。

2. 持久顺序节点（PERSISTENT_SEQUENTIAL）

持久顺序节点创建后就一直存在，除非主动删除。每个父节点会为它的第一级子节点维护一份时序，记录每个子节点创建的先后顺序。

3. 临时节点（EPHEMERAL）

临时节点在客户端会话失效后自动删除，临时节点下不能创建子节点。

4. 顺序临时节点（EPHEMERAL_SEQUENTIAL）

除了具备临时节点的属性以外，顺序临时节点名后会追加一个由父节点维护的自增整型数字。

1.8.3 ZooKeeper 的顺序一致性

面试官提问

- 什么是ZooKeeper的顺序一致性？

顺序一致性是指提案按 zxid（ZooKeeper Transaction Id）顺序生效，zxid 是 ZooKeeper 集群中事务的唯一标识，保证了全局有序。这个标识由 64 位组成，高 32 位为周期号（epoch），每个 Leader 被选举后都会增加 epoch 以便与上任 Leader 区分，低 32 位是 Leader 开始事务时分配的递增编号。Leader 使用 ConcurrentHashMap 记录所有未提交的提案，key 为 zxid，value 为提案的信息。通过以下流程保证事务的顺序一致性：

（1）每发起一个提案，Leader 都会将提案的 zxid 和提案信息存储在 ConcurrentHashMap。

（2）收到 Follower 的 ACK 后，根据 ACK 中的 zxid 在 ConcurrentHashMap 中找到对应的提案，并对 ACK 进行计数。

（3）执行 Commit 前进行如下判断：

- 是否存在小于当前zxid的事务未提交，若存在则当前提案不能提交。

这里需要补充说明一下，由于 zxid 是有序的，因此 Leader 只需判断 ConcurrentHashMap 中是否存在当前 zxid 的 key，就能确定当前 zxid 之前是否还有未提交的提案。

- 当前提案是否收到半数以上ACK。

如果满足以上条件，则将当前 zxid 从 ConcurrentHashMap 中删除并向 Follower 广播提交本提案。

1.8.4　ZooKeeper 集群节点为什么是奇数个

- 知道ZooKeeper集群节点为什么是奇数个吗？

ZooKeeper 集群中只要有过半的服务器正常工作，那么整个集群对外就是可用的。

假如集群中有 2 个节点，若 1 台服务器宕机，则 ZooKeeper 就不可用，此时 ZooKeeper 集群容忍度为 0。

假如集群中有 3 个节点，若 1 台服务器宕机，则可用节点过半，此时 ZooKeeper 集群的容忍度为 1。

假如集群中有 4 个节点，若 1 台服务器宕机，则可用节点过半，此时 ZooKeeper 集群的容忍度为 1。

假如集群中有 5 个节点，若 2 台服务器宕机，则可用节点过半，此时 ZooKeeper 集群的容忍度为 2。

归纳总结：2->0;3->1;4->1;5->2;6->2;7->3;8->3 …可以发现 ZooKeeper 集群中 $2n$ 和 $2n-1$ 个节点的故障容忍度是一样的，都是 $n-1$，因此，ZK 集群节点一般是奇数个。

1.8.5　ZooKeeper 集群中的三种角色

- ZooKeeper集群中的三种角色Leader、Follower与Observer，各自的作用是什么？

1. Leader节点

Leader 节点是整个 ZooKeeper 集群的核心，其主要职责如下：

- 事务请求由Leader节点协调，保证事务的顺序一致性。
- Leader提供读写服务，Follower与Observer只能提供读服务。

2. Flower节点

Flower节点的特点如下：

- 处理非事务性请求（读），事务请求（写）转发给Leader。
- 参与新Leader的选举。
- 参与事务请求Proposal的投票。

3. Observer节点

Observer节点的特点如下：

- 处理非事务性请求（读），事务请求（写）转发给Leader。
- 不参与Leader选举。
- 不参与写操作的"过半写成功"策略，因此增加Observer节点对写入操作无影响。
- Leader节点在事务提交成功后通知 Observer 更新数据。

综上，如果 ZooKeeper 集群读负载过高，那么可以适当增加 Observer 节点，提高读的吞吐量。

1.8.6 ZooKeeper 的选主机制

- 谈谈ZooKeeper的选主机制。

一般情况下，ZooKeeper 集群中只存在一个主节点 Leader，Leader 负责管理整个集群，处理事务请求。集群第一次启动、Leader 节点宕机等情况下需要通过投票选举产生新的 Leader。下面介绍投票信息和选举过程。

1. 投票信息

每次投票都包含两个基本信息：

- sid：即server id，服务器在集群中标识。
- zxid：即ZooKeeper Transaction Id，递增的事务Id。若zxid1小于zxid2，那么zxid1早于zxid2发生。每次投票都包含（sid，zxid）信息。

2. 选举过程

选举过程如下：

（1）初始阶段，投票自己为Leader。

（2）将别人和自己的投票进行比较，选择zxid大的服务器作为Leader；若zxid相同，则sid大的服务器作为Leader。

经过几轮投票，获得过半票数的服务器成为Leader。

3. 举例

假设集群中有5台服务器，sid分别为1、2、3、4、5，zxid分别为12、12、12、11、11，sid为1的服务器是Leader。突然，sid为1和2的服务器宕机，则集群开始投票选Leader。

步骤01 第一次投票自己为Leader。sid为3、4、5的服务器投票情况分别为（3，12），（4，11），（5，11），每台服务器也会收到来自其他服务器的投票。

- sid3 接收到（4，11），（5，11）的投票，自己当下获得的投票为（3，12），其zxid大于收到的另外两张投票（12>11），因此下一轮继续投票（3，12）。
- sid4接收到（3，12），（5，11）的投票，自己当下获得的投票为（4，11），由于收到的（3，12）投票的zxid大于自己的（12>11），因此下一轮投票为（3，12）。
- sid5接收到（3，12），（4，11）的投票，自己当下获得的投票为（5，11），由于收到的（3，12）投票的zxid大于自己的（12>11），因此下一轮投票（3，12）。

步骤02 第二轮投票后，统计判断是否有服务器收到过半投票，获取过半票数的服务器将成为新的Leader。由于服务器总数为5，且sid3、sid4、sid5都投票（3，12），因此sid3被选举为新Leader。

1.8.7 ZooKeeper 与 Eureka 的区别

> - 谈谈ZooKeeper与Eureka的区别。

ZooKeeper 与 Eureka 的区别如下：

（1）ZooKeeper 保证数据一致性（consistency）和分区容错性 Partition Tolerance。

ZooKeeper 的过半策略保证了数据强一致性，当 Leader 节点因为网络故障与其他节点失去联系时，剩余节点会重新进行投票，选举出新的 Leader，且选举期间整个集群不可用。

（2）Eureka 保证可用性（Availability）和分区容错性 Partition Tolerance。

Eureka 以对等复制的方式进行数据同步，集群节点都是平等的，即使部分节点挂掉（只要还有一台 Eureka 在），剩余的节点依然可以提供注册和查询服务。

1.8.8 ZooKeeper Atomic Broadcast 协议

> - 谈谈ZooKeeper Atomic Broadcast协议。

ZooKeeper 使用 ZooKeeper Atomic Broadcast（ZAB）协议来保障分布式数据的一致性，ZAB 协议存在以下两种工作模式。

1. 广播模式

集群正常运行过程中，Leader 使用两阶段提交的方式保证各 Follower 节点的数据的最终一致性，如图 1-147 所示。

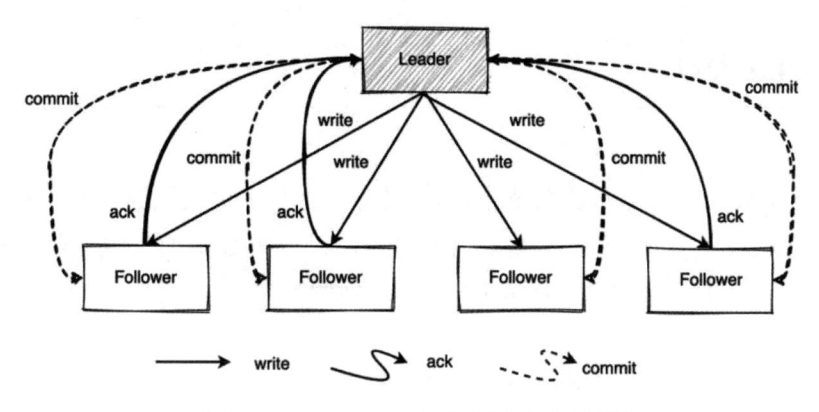

图 1-147　ZooKeeper 两阶段提交执行流程

- 第一阶段：Leader节点处理事务请求，将提案广播给所有Follower节点，可以写入的节点返回ACK。
- 第二阶段：Leader收到半数以上的ACK，向所有节点广播Commit将提案生效。这种过半策略使得Leader向客户端返回写入成功后，部分Follower 节点可能还没有写入最新的数据，ZooKeeper保证最终一致性。

2. 恢复模式

集群启动或 Leader 崩溃时系统进入恢复模式，选举 Leader 并将集群中各节点的数据同步到最新状态，在崩溃恢复过程中需要保证：

- 已执行的事务不能丢失。
- 未执行的事务不能继续执行。

若 Leader 在 commit 阶段崩溃，则为了保证已执行的事务不丢失，应该选举拥有最大 zxid 的节点作为新的 Leader，因为集群中 zxid 最大的提案是 Leader 崩溃前发出的最新提案。新 Leader 可以将自身日志中所有未提交事务重新生成提案并协调集群完成 Commit。

若 Leader 在 proposal 阶段崩溃，则为了保证未执行的事务不能继续执行，新当选的 Leader 会增加 zxid 的 epoch 值，epoch 值较小的提案会直接被丢弃。

1.9 Dubbo

Apache Dubbo 是一款 RPC 微服务框架，本节精炼地整理出关于 Dubbo 的核心内容与考点，主要包括：由消费者、服务者、注册中心以及监控组成的整体架构，路由机制，负载均衡，集群容错，序列化，服务提供发现机制等。

1.9.1 Dubbo 架构简述

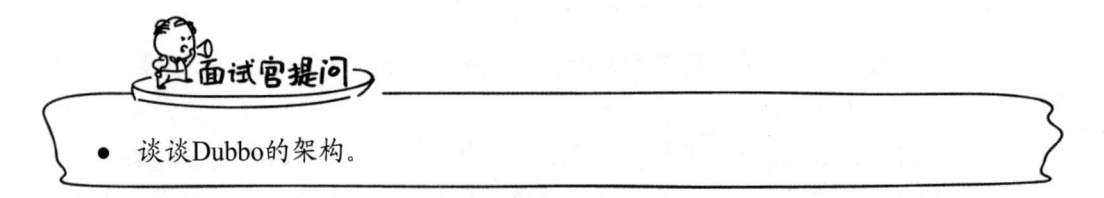

面试官提问

- 谈谈 Dubbo 的架构。

Dubbo 整体架构由消费者（Consumer）、服务者（Provider）、注册中心（Registry）以及监控器（Monitor）组成，如图 1-148 所示。其中，服务者注册服务地址到注册中心，消费者从注册中心读取和订阅服务者地址列表，消费者在发起调用前进行路由选择、负载均衡策略，然后调用至服务者服务器，调用失败则进行集群容错。监控器对调用量、性能指标进行采集上报。

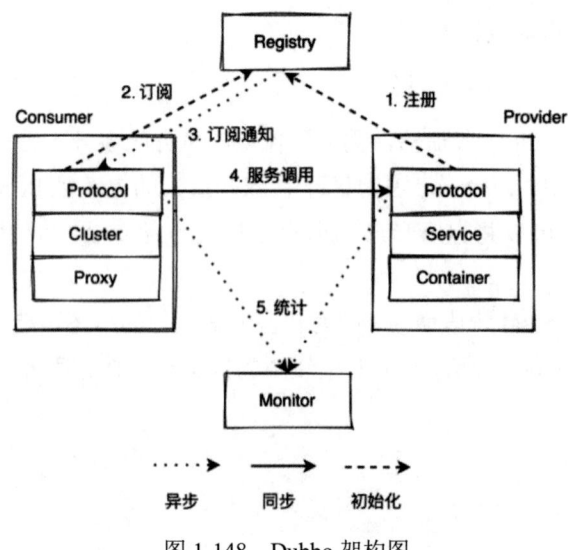

图 1-148　Dubbo 架构图

1.9.2 路由机制

> ● 谈谈Dubbo的路由机制。

Dubbo 路由机制实现了动态指定服务的提供者，如图 1-149 所示。admin 管理后台动态添加路由的规则，并将它们存储在注册中心${service}/routers 目录下，基于注册中心的事件机制最新路由会通知服务消费者（调用方）；服务消费者发起调用前，Dubbo 依据配置的路由规则计算出哪些服务提供者可以处理本次请求，然后使用负载均衡策略选择其中一个服务实例来处理本次请求；当服务调用发生异常时，会有一些集群容错的策略。这就是服务调用的基本流程，从中也可以看出路由选择优先级高于集群容错和负载均衡策略。

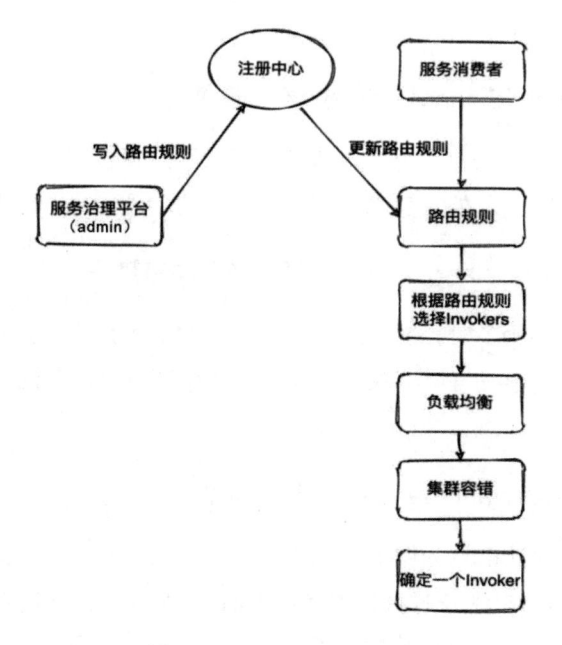

图 1-149 Dubbo 路由机制

1.9.3 负载均衡

> 面试官提问
> - 谈谈Dubbo的负载均衡。

Dubbo 负载均衡机制决定了一次请求调用哪个服务提供者。在选择服务提供者时有一些经典算法，如 RandomLoadBalance、RoundRobinLoadBalance、LeastActiveLoadBalance、ConsistentHashLoadBalance 等。下面逐一讲述它们的工作原理。

1. RandomLoadBalance：随机负载均衡算法

假设集群有 3 个节点，分别对应的权重为 {A:1,B:3,C:6}，随机算法按总权重进行加权随机，A 节点负载请求的概率为 1/(1+3+6)，以此类推，B、C 负载的请求概率分别是 30%和 60%。

2. RoundRobinLoadBalance：轮询负载均衡算法

轮询负载均衡算法的思想是把用户请求轮流分配给每台服务器，从 1 开始，直到 n，然后重新开始循环。除此之外，考虑到不同服务器的处理能力，还有加权轮询。

3. LeastActiveLoadBalance：最少活跃数负载均衡算法

当有多个实例提供服务时，选择活跃次数最少的实例来响应请求。最小活跃值统计方法是在服务调用前将值加 1，请求处理完成后将值减 1。该算法使得请求处理慢的服务器将会接收到更少的请求。

4. ConsistentHashLoadBalance：一致性哈希

根据 IP 或者其他的信息为服务节点生成一个 hash 值，并将这个 hash 映射到[0, $2^{32}-1$]的圆环上，当请求到来时将计算参数 hash 到圆环上，顺时针找到第一个服务节点为它提供请求处理。为了避免数据倾斜（见图 1-150，服务节点分散不均匀，导致大量请求落到了同一个节点 Invoker-1），引入虚拟节点，让服务节点 Invoker 在圆环上分散开来，如图 1-151 所示，一个真实的 Invoker 对应多个虚拟的 Invoker（1-n），这样可以缓解倾斜问题。

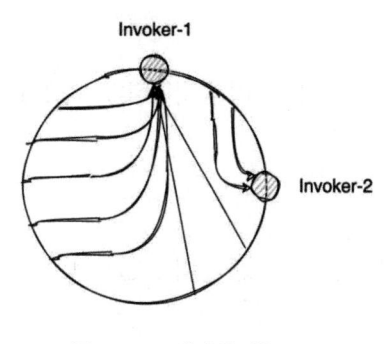

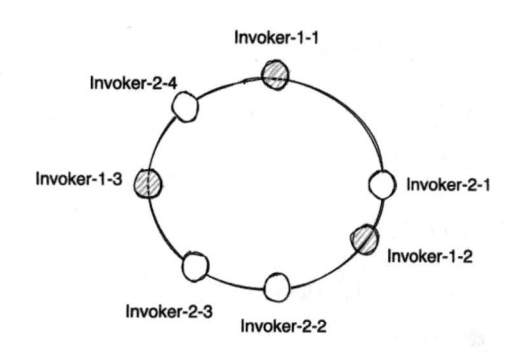

图1-150　数据倾斜　　　　图1-151　引入虚拟节点解决数据倾斜问题

一致性哈希的特点是参数相同的请求由同一个实例处理，如果当前节点挂掉，则顺时针寻找第一个节点继续处理当前请求。

1.9.4　集群容错

> - 谈谈Dubbo的集群容错。

集群容错是指消费者在调用服务提供者集群发生异常时的处理策略。具体有如下6种常见策略。

1. failover cluster

若服务调用失败则自动重试到其他的可用节点。

2. failfast cluster

快速失败，即一次调用失败就立即失败，常见于非幂等性的写操作。

3. failsafe cluster

快速失败，出现异常时直接忽略，通常用于写入审计日志等不重要的操作。

4. failback cluster

失败后定时重试。

5. forking cluster

并行调用多个服务提供者，只要有一个成功就立即返回。通常用于实时性要求比较高的读操作。

6. broadcacst cluster

广播调用所有的服务提供者，若有一个报错则抛出异常。通常用于通知所有服务实例更新本地缓存。

1.9.5 Dubbo 的序列化

> 面试官提问
> - 什么是Dubbo的序列化？

当我们需要把一个数据对象写入文件或者在网络中传输时，就要把数据对象转换为二进制格式进行数据传输，这个过程就叫作序列化。反之将一个远程数据或本地文件数据解析为对象的过程就叫作反序列化。Dubbo 支持的序列化方式有：

（1）Hessian2 序列化：Hessian 是一种跨语言的高效二进制序列化方式。Dubbo 默认启用此序列化方式。

（2）JSON 序列化：易于解析阅读，但这种文本序列化性能一般不如二进制序列化。

（3）Java 序列化：JDK 自带的序列化实现，无须引入任何依赖，但性能不理想。

（4）Protobuf 序列化：Protobuf 是由 Google 设计的一种高效、轻量级的信息描述格式，优点是与语言无关，编码长度更短，传输效率更高，编解码速度更快；缺点是缺乏自描述，可读性差。

1.9.6 有了 HTTP 请求为什么还需要 RPC 调用

> 面试官提问
> - 有了HTTP请求为什么还需要RPC调用？

有了 HTTP 请求，也还需要 RPC 调用的主要原因是：

（1）HTTP 信息效率低，包含了大量的 HTTP 头等冗余信息。

（2）业内成熟的 RPC 框架是面向服务的更高级的封装，其内涵包括了路由策略、负载均衡、集群容错、服务发现、数据统计以及数据看板等，更适用于一个分布式的大型系统内部之间的通信。

1.9.7　Dubbo 的 SPI 机制

- 什么是Dubbo的SPI机制？

SPI 全称为 Service Provider Interface，是一种服务发现机制。SPI 的本质是将接口实现类的全限定名配置在文件中，并由服务加载器读取配置文件、加载实现类。这样可以在运行时动态地为接口替换实现类。我们可以很容易地通过 SPI 机制为程序提供拓展功能。Dubbo 的 SPI 机制是对 1.1.5 节的 Java SPI 机制的改进，两者本质相同。

第 2 章

算法题目

算法题目是无法穷尽的，但解决问题的思想是可以总结的，本章整理出在面试过程中高频出现的算法题目所蕴含的解题思想。这些思想主要包括递归、双指针（快慢指针、对撞指针）、滑动窗口、二分搜索、动态规划、回溯、深度/广度优先搜索，每一个思想都举例进行详细说明，希望读者仔细体会。

2.1 递归

2.1.1 算法解释

递归算法有两个阶段：递和归，如图 2-1 所示。

- 递：将递归问题分解为若干个规模较小、与原问题形式相同的子问题，这些子问题可以用相同的解题思路来解决。
- 归：当我们将问题规模不断缩小的时候，必须有一个明确的临界点（递归出口），一旦达到这个临界点就从该点原路返回到原点，最终问题得到解决。

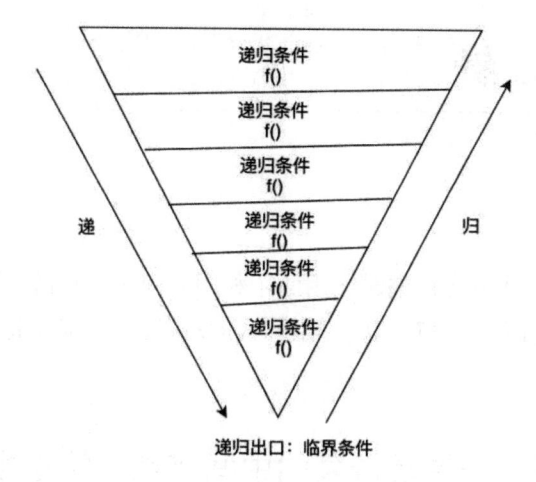

图 2-1　递归算法执行流程

2.1.2　经典题目——爬楼梯

1. 题目描述

假设正在爬楼梯，一层楼有 n 个台阶，每次可以爬 1 或 2 个台阶，请问有多少种不同的方法可以爬上楼？

2. 题目解析

由于一次只能爬 1 或 2 个台阶，因此爬到第 n 个台阶的方法数等于爬到 $n-1$ 阶的方法数加上爬到 $n-2$ 阶的方法数。问题的规模在降低，同时该问题的临界点是爬第一个台阶的方法数是 1。

3. 代码示例

```java
public int climbNStairs(int n) {
    if (n <= 1) {
        return 1;
    }
    return climbNStairs(n - 1) + climbNStairs(n - 2);
}
```

当然，可以发现这里有大量重复的计算。

2.2 双指针

2.2.1 算法解释

双指针指的是在解决具体问题时使用两个相同方向（快慢指针）或者相反方向（对撞指针）的指针进行扫描，来降低解决问题时间复杂度。一般是将 $O(n^2)$ 的时间复杂度降低为 $O(n)$。

2.2.2 经典题目——寻找链表的中间节点（快慢指针）

1. 题目描述

给定非空单链表的头节点 head，返回链表的中间节点。
输入：[1,2,3]。
输出：2。

2. 题目解析

用两个指针 slow 与 fast 从头节点开始同时遍历链表。slow 指针一次走一步，fast 指针一次走两步，那么当 fast 指针到达链表的末尾时，slow 指针必然位于链表中间。

3. 代码示例

```java
public ListNode findMiddleNode(ListNode head) {
    ListNode slow = head, fast = head;
    while (fast != null && fast.next != null) {
        slow = slow.next;
        fast = fast.next.next;
    }
    return slow;
}
```

2.2.3 经典题目——有序数组两数之和（对撞指针）

1. 题目描述

数组已按非递减排序，从数组中找出相加之和等于目标值 target 的两个数。可以假设数组中只存在唯一的解，但不可以重复使用相同的元素。

输入：numbers = [1,3,10,15], target = 4。

输出：[1,2]。

2. 题目解析

两个指针分别指向第一个元素和最后一个元素的位置，计算两个指针指向的元素之和。如果两个元素之和等于目标值，那么返回元素位置；如果两个元素之和小于目标值，那么左指针右移一位，否则右指针左移一位。移动指针之后，重复上述操作，直到找到答案。

3. 代码示例

```java
public int[] twoSum(int[] numbers, int target) {
    int left = 0, right = numbers.length - 1;
    while (left < right) {
        int sum = numbers[left] + numbers[right];
        if (sum == target) {
            return new int[]{left + 1, right + 1};
        } else if (sum < target) {
            ++left;
        } else {
            --right;
        }
    }
    //无解
    return null;
}
```

2.3 滑动窗口

2.3.1 算法解释

滑动窗口算法可以用于解决数组/字符串的子元素问题,它可以将嵌套的循环问题转换为单循环问题,降低解决问题的时间复杂度。

2.3.2 经典题目——长度为 k 的连续子数组的最大和

1. 题目描述

给定一个非空的整数数组,计算长度为 k 的连续子数组的最大和。

输入:array={10,20,30,50},$k=2$。

输出:80。

2. 题目解析

暴力解法使用两层 for 循环不断计算长度为 k 的连续子数组之和,然后取最大值。维护一个长度 $k=2$ 的窗口,如图 2-2 所示,计算窗口内数组元素之和并保存在一个变量中;窗口向右滑动过程中,不断计算当前窗口的元素之和,并更新变量中的最大值;当窗口滑动至最右端时返回变量中保存的结果。

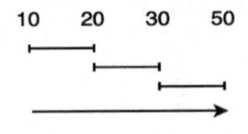

图 2-2 $k=2$ 的滑动窗口

3. 代码示例

```
public int maxSumSliding(int arr[], int k) {
    int size = arr.length;
    if (size < k) {
        return -1;
    }
    int maxSum = 0;
    //获取第一个滑动窗口值
```

```
    for (int i = 0; i < k; i++) {
        maxSum += arr[i];
    }
    int sum = maxSum;
//往右滑动窗口
    for (int i = k; i < size; i++) {
        sum = sum + arr[i] - arr[i - k];
        maxSum = Math.max(maxSum, sum);
    }
    return maxSum;
}
```

2.4 二分搜索

2.4.1 算法解释

二分搜索又称折半搜索，主要思想是对有序问题域，每次排除一半的问题域，以 $O(\log n)$ 的时间复杂度逼近目标结果。

2.4.2 经典题目——n 的算术平方根

1. 题目描述

给定一个正整数 n，计算 n 的算术平方根，结果只保留整数部分。

输入：n=9。输出：3。

输入：n=8。输出：2。

2. 题目解析

二分搜索的下边界为 0，上边界为 n。每一轮搜索，只需要比较搜索区间中间元素的平方与 n 的大小，进而确定下次搜索区间的上下边界，每次可排除一半区间。

3. 代码示例

```
public int sqrt(int n) {
    long left = 0;
    long right = x;
```

```
        while(left <= right){
            long mid = (left + right) / 2;
            if(mid * mid == x ){
                return (int)mid;
            }
            if(mid * mid < x  && (mid + 1) * (mid + 1) >x){
                return (int)mid;
            }
            if(mid * mid < x){
                left = mid +1;
            }else{
                right = mid -1;
            }
        }
        return -1;
    }
```

2.5 动态规划

2.5.1 算法解释

动态规划是一种将问题拆解为更小的、相似的子问题，并存储子问题的解，从而避免重复计算。解决动态规划问题的三个关键步骤如下：

步骤01 定义问题状态。

步骤02 确定初始条件。

步骤03 确定转移方程。

2.5.2 经典题目——最小路径和

1. 题目描述

给出一个包含非负整数的 $m \times n$ 矩阵，从左上角出发至右下角，每次只能向右或者向下移动一步，找出数字之和最小的路径。

输入：matrix = [[1,2,7],[2,5,3],[1,1,1]]，如图 2-3 所示。

输出：6。

解释：路径 1→2→1→1→1 的总和最小。

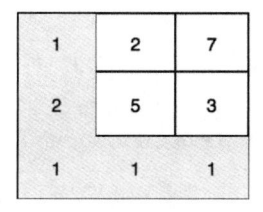

图 2-3　测试用例输入示意图

2. 题目解析

（1）定义问题状态：定义一个 $m \times n$ 二维数组 dp[][]，dp[i][j] 代表从左上角出发到 (i,j) 位置的最小路径和。

（2）定义初始条件：dp[0][0] = matrix [0][0]。

（3）确定转移方程：根据题意，每次只能向右或者向下移动一步，可确定状态转移方程：

- 当 j=0 时，dp[i][0] = dp[i−1][0] + matrix[i][0]。
- 当 i=0 时，dp[0][j] = dp[0][j−1] + matrix[0][j]。
- 当 i>0 且 j>0 时，dp[i][j] = min(dp[i−1][j], dp[i][j−1]) + matrix[i][j]。

最终，dp[m-1][n-1] 就是待求结果。

3. 代码示例

```java
public int minPathSum(int[][] matrix) {
    int row = matrix.length;
    int col = matrix[0].length;
    int dp[][] = new int[row][col];
    dp[0][0] = matrix[0][0];
    //dp 第一列
    for(int i = 1 ; i < row; i ++){
        dp[i][0] = matrix[i][0] + dp[i-1][0];
    }
    //dp 第一行
    for(int j = 1;j < col;j ++){
        dp[0][j] = matrix[0][j] + dp[0][j-1];
    }
    //计算 dp[i][j]
```

```
    for(int i = 1;i < row ; i++){
        for(int j = 1;j<col;j++){
            dp[i][j]= matrix[i][j] + Math.min(dp[i-1][j],dp[i][j-1]);
        }
    }
    return dp[row-1][col-1];
}
```

2.6 回 溯

2.6.1 算法解释

回溯算法通过探索所有可能的候选解来找出所有解，搜索尝试过程中若发现不满足求解条件，则"回溯"返回，尝试别的路径。

2.6.2 经典题目——n 皇后问题

1. 题目描述

n 个皇后放置在 $n×n$ 的棋盘上，要求任意两个皇后不同行、不同列，也不在同一条斜线上，给定一个整数 n，返回所有不同的 n 皇后问题解决方案。四皇后问题的两种摆放方式如图 2-4 所示。

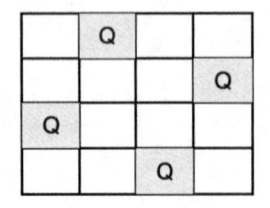

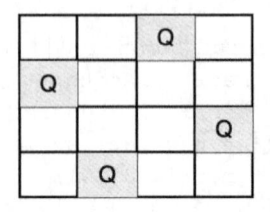

图 2-4 四皇后问题可行解

2. 题目解析

暴力枚举 n 个皇后放置在 $n×n$ 的棋盘上的所有可能情况，并判断是否满足要求，这样做复杂度是极高的。对于四皇后问题，把皇后 Q1 放置在（1，1），皇后 Q2 经过第一、第二列及斜线的失败尝试后，可能的位置是（2，3），随后被证明这也不是可行解，因为皇后 Q3 将没有位置可放，如图 2-5 所示。

算法进行回溯，将皇后 Q2 放在下一个可能的位置（2，4），这样皇后 Q3 就可以放在（3，2）上，但结果是 Q4 无处安放，如图 2-6 所示。

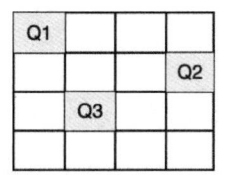

图 2-5　Q1、Q2 处于当前位置，Q3 无处可放　　图 2-6　Q1、Q2、Q3 处于当前位置，Q4 无处可放

算法再一次回溯，Q1 放在（1，1）位置不存在可行解，探索将 Q1 放在（1，2）位置上，接着 Q2 放置在（2，4）、Q3 放置在（3，1）、Q4 放置在（4，3）上，得到一个问题的解，如图 2-7 所示。

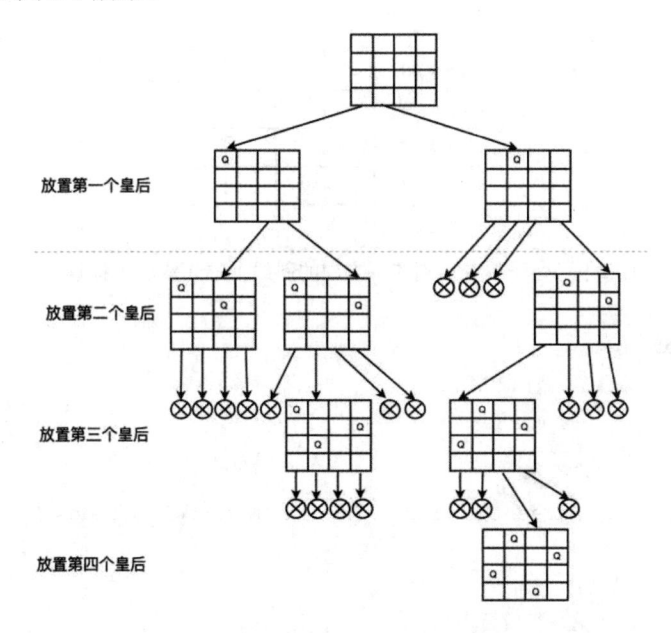

图 2-7　四皇后问题回溯寻找可行解的过程

在编写具体代码时，我们使用一个数组记录每行放置皇后的列下标，依次在每一行放置一个皇后，当 n 个皇后都放置完毕，则找到一个可能的解；不满足条件时就回退。每次放置皇后时需要快速判断该位置是否满足条件：

（1）不放在同一列，很容易判断。

（2）不在同一条斜线上，判断方法如下：

斜线从左上到右下方向，同一条斜线上的每个位置满足行下标与列下标之差相等，如图 2-8 所示。

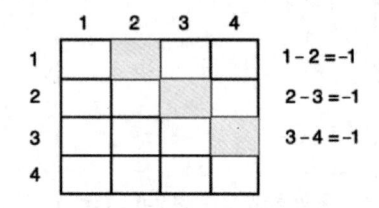

图 2-8 处于从左上到右下方向斜线上的元素的下标规律

斜线从右上到左下方向，同一条斜线上的每个位置满足行下标与列下标之和相等，如图 2-9 所示。

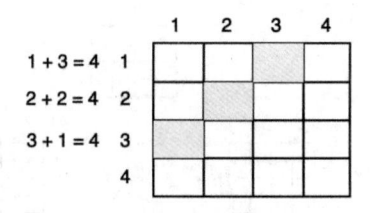

图 2-9 处于从右上到左下方向的斜线上的元素的下标规律

3. 代码示例

```
/**
 *
 * @param ans 最终答案
 * @param queens queens[index] = val 表示皇后放在第 index 行 val 列，初始化时填充 -1
 * @param n n 皇后
 * @param row 在第几行放置皇后
 * @param columns 已放置皇后的列
 * @param diagonalsDown 斜线从左上到右下方向
 * @param diagonalsUp 斜线从右上到左下方向
 */
```

```java
    public void backtrack(List<List<String>> ans, int[] queens, int n, int row,
Set<Integer> columns, Set<Integer> diagonalsDown, Set<Integer> diagonalsUp)
{
        if (row == n) {
            //queens[index] = val 表示皇后放在第 index 行 val 列
            List<String> board = generateFormatAns(queens, n);
            ans.add(board);
        } else {
            for (int i = 0; i < n; i++) {
                //判断位置是否符合要求：同行、上下两个对角线
                if (columns.contains(i)) {
                    continue;
                }
                int diagonal1 = row - i;
                if (diagonalsDown.contains(diagonal1)) {
                    continue;
                }
                int diagonal2 = row + i;
                if (diagonalsUp.contains(diagonal2)) {
                    continue;
                }
                //放置皇后
                queens[row] = i;
                columns.add(i);
                diagonalsDown.add(diagonal1);
                diagonalsUp.add(diagonal2);
                //继续尝试放置下一个皇后
                backtrack(ans, queens, n, row + 1, columns, diagonalsDown,
diagonalsUp);
                //回退
                queens[row] = -1;
                columns.remove(i);
                diagonalsDown.remove(diagonal1);
                diagonalsUp.remove(diagonal2);
            }
        }
    }
    //打印结果
```

```java
public List<String> generateFormatAns(int[] queens, int n) {
    List<String> ans = new ArrayList<String>();
    for (int i = 0; i < n; i++) {
        char[] row = new char[n];
        Arrays.fill(row, '*');
        row[queens[i]] = 'Q';
        ans.add(new String(row));
    }
    return ans;
}
```

2.7 广度/深度优先搜索

2.7.1 算法解释

广度优先搜索（Breadth-First Search，BFS）是逐层搜索，一般用队列（LinkedList）来辅助实现。深度优先搜索（Depth First Search，DFS）从起点出发，选择其中一个方向不断向前走，直到无法继续前进时就尝试另外一种方向。

如图 2-10 所示，对它进行广度/深度优先搜索遍历结果如下：

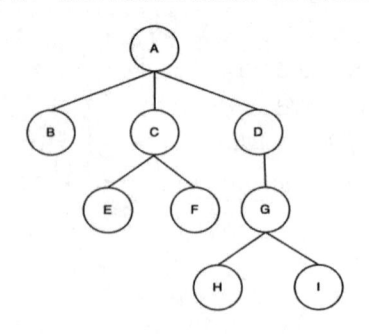

图 2-10 广度/深度优先搜索多路数

BFS：A B C D E F G H I。
DFS：A B C E F D G H I。

2.7.2　经典题目——深度优先搜索岛屿数量

1. 题目描述

有一个由 0 和 1 组成的二维矩阵，其中 1 代表陆地，0 代表水，岛屿由水平或垂直方向上相邻的陆地连接形成。假设矩阵的四周均被水包围，请计算岛屿的数量。

输入：matrix =[

[1,1,0,0],
[0,0,1,0],
[0,0,0,0],
[0,0,1,1],

]，如图 2-11 所示。

1	1	0	0
0	0	1	0
0	0	0	0
0	0	1	1

图 2-11　陆地与水域示意图

输出：3

2. 题目解析

扫描整个矩阵，每遇到 1 就将它置为 0，并以它为起始节点开始进行深度优先搜索。最终岛屿的数量就是进行深度优先搜索的次数。

3. 代码示例

```
class Solution {
    private int ans = 0;
    public int numOfLands(int[][] matrix) {
        if(matrix == null){
            return 0;
        }
```

```java
        //岛屿的数量就是进行深度优先搜索的次数
        for(int i = 0;i < matrix.length;i++){
            for(int j = 0;j < matrix[0].length;j++){
                if(matrix[i][j] == '1'){
                    ans ++;
                    dfs(matrix,i,j);

                }
            }
        }
        return ans;
    }

    public void dfs(int[][] matrix,int i,int j){
        //搜索的边界
        if(i < 0 || i >= matrix.length || j < 0 || j >= matrix[0].length){
            return ;
        }
        //每遇到1就将它置为0，并以它为起始节点开始进行深度优先搜索
        if(matrix[i][j] == 1){
            matrix[i][j] = 0;
            //搜索的四个方向：上、下、左、右
            dfs(matrix,i-1,j);
            dfs(matrix,i+1,j);
            dfs(matrix,i,j-1);
            dfs(matrix,i,j+1);
        }
    }
}
```

2.7.3 经典题目——广度优先搜索层序遍历

1. 题目描述

给定一棵二叉树，返回其节点值的层序遍历。

输入：root = [A,B,C,D,null,E,F]，如图 2-12 所示。

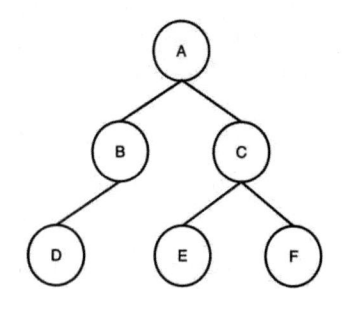

图 2-12　二叉树

输出：[[A],[B,C],[D,E,F]]。

2. 题目解析

首先将根节点放入队列作为二叉树的第一层，求当前队列的长度，然后将节点依次从队列中取出，作为该层的结果，并顺便将当前节点的左右非空节点放入队列，作为二叉树下一层需要处理的结果，直至队列为空。

3. 代码示例

```java
public List<List<Character>> levelOrder(TreeNode root) {
    //参数校验会给面试官留下好印象，尤其是corner case
    if(root == null){
        return null;
    }
    List<List<Character>> ans = new ArrayList();
    LinkedList<TreeNode> list = new LinkedList();
    //首先将根节点放入队列作为第一层
    list.offer(root);
    while(!list.isEmpty()){
        //求当前队列的长度
        int size = list.size();
        List<Character> level = new ArrayList();
        //将节点依次从队列中取出
        for(int i = 0 ;i < size;i++){
            TreeNode cur = list.poll();
            //作为该层的结果
            level.add(cur.val);
            //将当前节点的左右非空节点放入队列，作为下一层需要处理的结果
```

```
            if(cur.left != null){
                list.offer(cur.left);
            }
            if(cur.right != null){
                list.offer(cur.right);
            }
        }
        ans.add(level);
    }
    return ans;
}
```

第 3 章

设 计 题

面试过程中，面试官往往会给出一些具体的业务场景，让求职者在短时间内给出完整的解决方案设计。本章主要介绍两道高频的方案设计题目，并结合笔者的工作经验尝试给出具体的解决方案。

3.1 秒杀系统

"秒杀"应用的工程实现需要在高并发场景下保证系统的高可用、数据一致与用户体验。其核心挑战是用户并发抢购使得传统关系数据库在扣减库存时产生热点更新问题，进而导致系统不稳定。本书设计的秒杀系统以 CAP（Consistency Availability Partition Tolerance）与 BASE（Basically Available Soft State Eventually Consistent）理论为指导准则，从商品是否允许超卖和商品库存数量这两个维度来拆解问题，避免热点更新。在允许超卖的弱一致性场景下（AP），利用易失性内存数据库进行库存扣减，处理速度每秒6.83 万次；在不允许超卖的强一致性场景下（CP），提出库存拆分的方法，避免多线程并发更新同一条数据库记录引起的锁竞争与上下文切换。

3.1.1 抢购商品允许超卖

虚拟商品（比如会员）对平台而言没有库存概念，可无限复杂，允许超卖。可以使用 Redis 做库存扣减，由于 Redis 是完全基于内存的单线程的 IO 模型设计，因此不存在锁竞争与上下文切换，处理速度极快，但存在宕机或者主从切换等未知风险从而导致数据丢失或者不一致的问题。如图 3-1 所示，假设 Redis Cluster 集群的 Master 节点为 A 和 B，Slave 节点为 A′和 B′；Master 节点提供读写服务，Slave 主从复制 Master 节点数据，对外仅提供读服务。主节点崩溃后从节点通过选举升级为主节点，保证服务的高可用，但主从切换可能因为数据同步延迟，从节点保存的库存不是最新值（库存比实际值偏大），进而引发超卖问题。当然使用内存型数据库存储库存并进行扣减，从而产生超卖的情况还有很多，一般情况下，Redis 库存扣减操作每秒可以达到 6.83 万次，远远满足实际场景的需要。

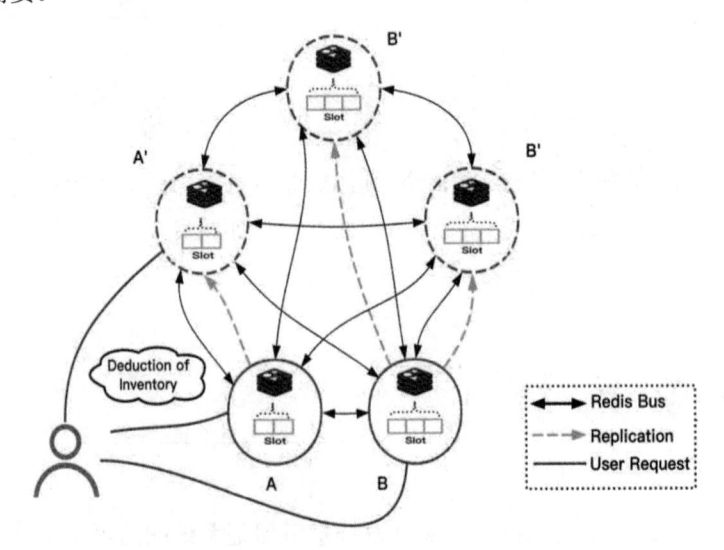

图 3-1　Redis 主从切换库存同步延迟导致超卖

3.1.2　抢购商品不允许超卖

实物商品（比如 IPhone、IPad 等）由于其稀缺性或者价值高昂，出于活动成本控制考虑，在秒杀活动中坚决不允许超卖。商品库存信息的存储只能考虑使用关系数据库：使用关系数据库的好处是数据持久化在硬盘中，用于库存扣减安全可靠，数据一致性强；但也存在缺点，即执行效率差，系统吞吐量（TPS）很难过百，用户需排队等待，同时存在热点更新问题。

1. 库存很多且可拆分

如图 3-2 所示，库存总数 n 可以拆分成 m 份，每份库存大小 $p=n/m$，m 份库存可以存储在同一张表中以降低行锁竞争的粒度，甚至可以将库存存放在不同的数据库物理节点，系统吞吐量最理想状态可以线性提升 m 倍，其中 $n=p1+p2+...+pm$。

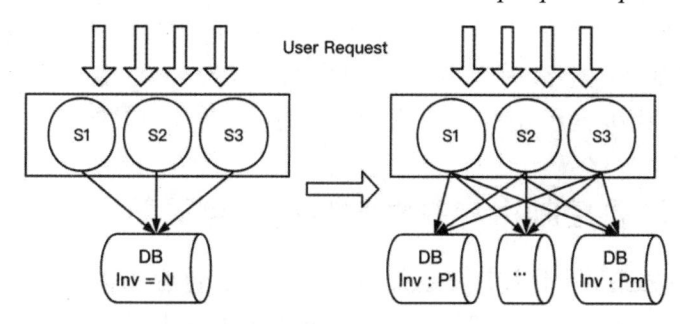

图 3-2　库存拆分降低热点更新激烈程度

由于库存数量与不同节点数据库处理能力的不同，可以根据场景选择合理的库存扣减负载均衡策略，合理拆分库存确定响应延迟，保证用户体验。研究表明，用户与应用系统交互时长时间的等待不仅会引起生理上的变化，还会影响用户对系统的主观评价及其行为。用户保持专注的多尔蒂阈值为 0.4 秒，让用户产生等待感、触发短期记忆且不可接受的响应延迟阈值为 2 秒，因此，整个系统的响应目标应该控制在 2 秒以内。一般来说，增加系统处理任务的并发（线程）数量可以提升系统吞吐量，但是在我们这个具体场景中扣减库存存在热点更新和锁竞争问题，并发数超过合理值系统吞吐量反而急剧下降。我们可以在增加并发数的同时通过将库存拆分成多份的方法来降低扣减库存的锁竞争，进而提高系统的整体吞吐量。下面给出用户等待时间预估的一般方法：若库存被拆分成 m 份，假设每个库存扣减平均 TPS 为 x（可以提前压测获得），商品总库存为 n，同时参与抢购的总用户数为 c，若允许用户等待时间为 t，那么：

$$t = \frac{\min(c,n)}{m \times x}$$

参数 c、n、x 均可提前预知，要求用户等待时间 t 小于 2 秒，可计算出库存被拆分的数量 m。

2. 库存很少，不能有效拆分库存

假设只有 2 个商品库存，如果拆分成 10 份，那么相当于百分之八十的用户随机失败，因此不能按照上述方法从提升系统吞吐量的角度来避免用户等待。用户等待时间取决于参与抢购的用户数量、商品库存、系统吞吐量。商品库存为 0 时抢购结束，消息队列中所有

排队等待处理的用户直接返回抢购失败,因此用户等待时间为参与用户数与商品初始库存两者中较小的一个除以系统吞吐量。举例来说,假设数据库的扣减库存 TPS=10,10 万用户同时抢购某一商品,商品初始库存为 10,由于库存为 0 时排队用户直接返回抢购失败,不进入全流程的处理,因此,所有用户的最大等待时间为 1 秒。由此可见,库存数量很少时不拆分库存,使用单线程处理任务,即使系统吞吐量低也可以保证用户不等待。

3.1.3　异步消费控制用户并发数避免热点更新

3.1.2 节中的方案同步执行并发数高,数据库库存扣减存在热点更新,高并发下数据库执行效率急剧下降,TPS 无法匹配用户秒杀的高并发同步请求,因此需要使用消息队列异步处理,削峰填谷,如图 3-3 所示。

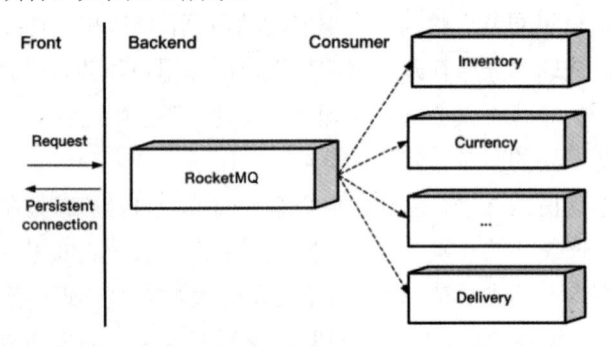

图 3-3　使用消息队列削峰填谷异步消费

用户请求放入消息队列排队等待处理,然后直接返回。后端系统可以为消费者设置合理的并发数拉取队列中的消息进行消费(库存扣减、扣减虚拟货币、发放商品等)。只有适当的并发数进行扣减库存,才能使系统具有最大的吞吐量,这个阈值可以通过压测来获得,处理结果通过长连接的方式推送给用户。库存清零后,堆积在 RocketMQ 中的消息直接返回,不进入全流程的处理。这种方案设计在应对如下业务场景时特别有效:

场景一:主播在某直播间为白酒带货,为了拉升人气,给粉丝发福利,策划了整点时刻一分钱抢购 100 瓶飞天茅台的活动,吸引了 10 万+消费者参与抢购。

场景二:宝马品牌营销活动日,主播在某直播间宣布上午 9 点整上架一辆宝马车,一分钱可无门槛抢购,引来 100 万用户的关注和参与。

如上场景中,十/百万用户并发请求,真正进入全流程处理的用户非常少,当库存为 0 时,在消息队列中排队的用户将直接返回。这样既节省了系统资源,又保证了用户体验。

3.1.4 用户交互设计角度的兜底考虑

因为我们在方案设计中采用了异步的处理方式,所以系统能保证数据的最终一致性。但是由于突发流量、服务器故障、网络超时等各种原因,可能导致系统无法及时响应用户请求,用户失去耐心可能离开当前抢购商品的活动页面。因此,在交互上可以考虑设计一个能够查看最终处理结果的页面。

方式一:用户可以在"我的"等界面查看最终处理结果,或者展示一个处理的中间状态(交易成功、关闭、处理中等),比如图 3-4 所示的网易云音乐购买会员礼品卡结果页面。

方式二:发消息通知用户最终处理结果,比如图 3-4 所示的支付宝到账信息通知。

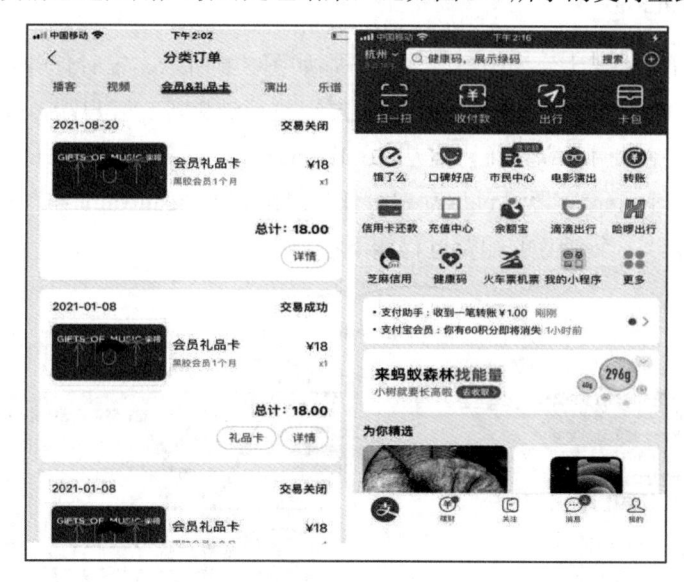

图 3-4 用户交互设计参考

3.2 分布式定时任务

定时任务在业界已有成熟的解决方案,比如网易的 K-Schedule、当当的 elastic-job、大众点评网的 xxl-job、阿里巴巴的 TBSchedule 等。在日常工作中也常常使用定时任务

去触发某些任务的执行,甚至有人看过类似框架的源码。实现一个分布式任务一般需要考虑以下几点:

- 执行任务的方式,应用集群中所有机器全部执行还是只允许一台机器执行。
- 任务的类型是单机执行还是分片执行。
- 执行的策略是不重复(at most once)还是不遗漏(At least once)。
- 任务调度如何做负载均衡。
- 故障转移。
- 配置可视化,监控报警。

3.2.1 设计思想

定时任务的整体设计分为服务端和客户端如图 3-5 所示。定时任务管理平台属于服务端,主要用于配置、启动、停止任务以及展现执行结果等。客户端(SDK 嵌入应用程序)负责任务的定时调度和执行,它从 ZooKeeper 加载任务放入 quartz 进行定时调度,执行时机到来时 Spring 容器通过启动定时任务时配置的 beanName 和 method 参数,反射执行目标方法。一个任务的配置过程如下:

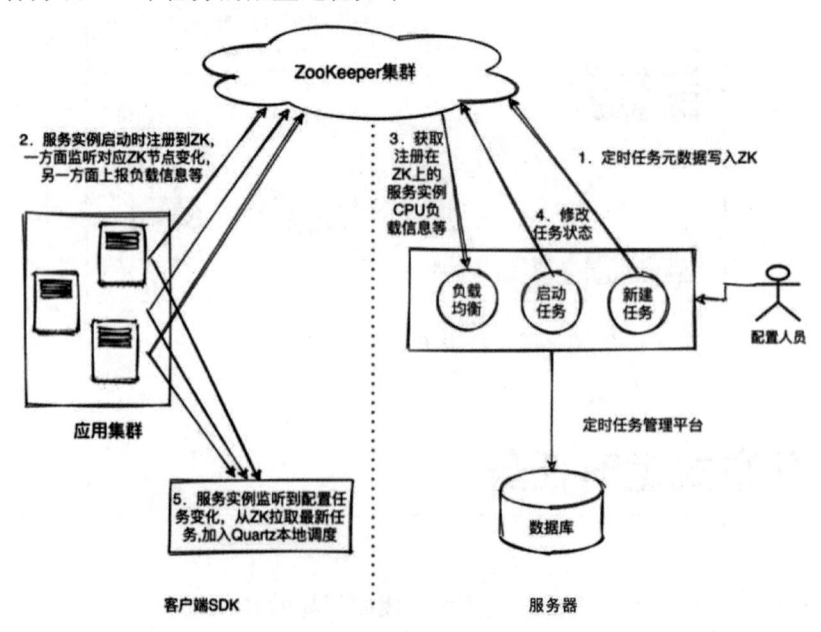

图 3-5 定时任务设计思想

步骤 01 配置定时任务时将关键信息，如执行方法（beanName,method）、执行周期等存储到 ZooKeeper。

步骤 02 应用服务器实例启动时注册到 ZooKeeper，监听 ZooKeeper 节点变化，同时上报自身负载信息。

步骤 03 获取注册在 ZooKeeper 上的所有服务实例负载等信息，选择负载低、资源冗余的机器执行调度任务。

步骤 04 用户启动定时任务，任务状态变更写入 ZooKeeper。

步骤 05 客户端监听到 ZooKeeper 节点变化，从 ZooKeeper 拉取处于运行中的定时任务并加入 Quartz 进行本地调度，执行时机到来时，Spring 容器根据 beanName 和 method 参数，反射执行目标方法。

3.2.2 定时任务具体功能点的实现

1. 任务执行方式

定时任务的执行方式有以下两种：

- 全部实例均执行：客户端从 ZooKeeper 加载任务放入 Quartz 进行本地调度，执行时机到来时，Spring 容器根据 beanName 和 method 参数，反射执行目标方法，每个服务实例均在本地执行一次，只需要保证在本地不会出现重复执行即可。
- 仅某个实例执行：所有服务实例需要通过抢锁来获取执行机会。抢锁成功的某一个实例执行目标方法。

2. 故障转移

对于只允许一个实例执行的任务来说，需要考虑故障或者异常情况下错失执行时机的情况，比如执行时机到来时机器宕机或者服务正在发布，此时，其他实例需要能承接未完成的执行任务，即故障转移。

简单来说，抢锁失败的服务实例需要等待抢锁成功的实例成功执行任务后才能放弃任务执行流程，否则阻塞等待故障转移处理流程。具体的故障转移原理如图 3-6 所示。

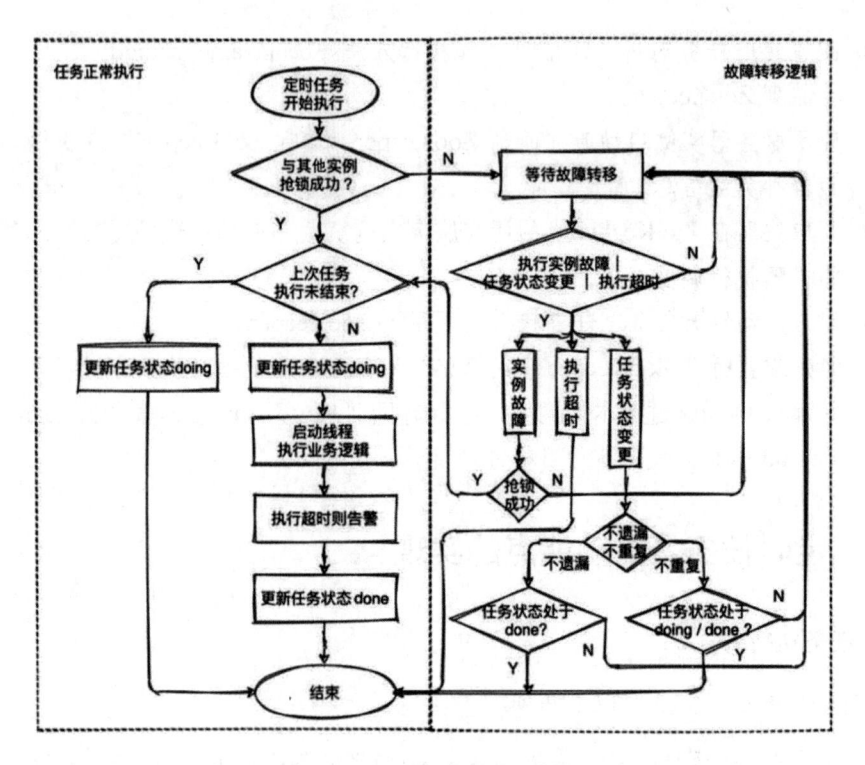

图 3-6　定时任务故障转移执行流程

3. 执行策略

如图 3-6 所示，判断任务是否执行结束取决于任务的执行策略是不遗漏（at least once）还是不重复（at most once）。任务的执行状态有三种，INIT：指任务抢锁之前的默认状态，DOING：任务执行中，DONE：任务执行完成。具体的执行策略会根据当前任务的状态决定是否发生故障转移。

- 不遗漏策略：只有任务执行状态为 done 才认为执行完成，否则参与故障转移。
- 不重复策略：任务执行状态为 doing 或 done 都认为执行完成，否则参与故障转移。

实际上，执行策略只对所有实例中仅某个实例执行的任务类型有效。假如某个实例在执行任务时宕机，此时任务执行状态虽然是 doing，但是可能业务逻辑已经执行完只是没来得及更新状态，如果我们采用不遗漏策略，则认为任务执行未完成需要故障转移，可能会出现重复执行；如果采用不重复策略，认为任务执行完成，不用故障转移，可能会出现漏执行。

4. 分片任务

分片任务需要把分片按一定规则拆分成多个子任务在多个服务实例上的多个线程中并行执行，假如配置 9 个分片，若集群中存在 3 个可用服务实例，则一个实例分配 3 个线程，每个线程执行 1 个分片。一个典型的场景：游戏上线后私信通知预约用户，一张预约表中存在 9 万条预约记录，9 个分片任务并行调用 RPC 完成私信通知，每个分片只需处理 1 万条记录。分片任务依然要考虑重复执行和故障转移，可参考上述所有实例中仅某个实例执行的任务实现方式。

3.3 其他高频出现的经典方案设计题目

本节列举面试中高频出现的经典方案设计题目，请读者自主考虑设计要点。

（1）抖音视频点赞、云音乐海量评论功能设计。
（2）微博千万粉丝博主、粉丝列表设计。
（3）设计 RPC 框架。
（4）排行榜。
（5）微信抢红包。
（6）微博 feed 流、微信朋友圈、Twitter timeline。
（7）限流的设计思路。
（8）如何设计 count 服务。
（9）设计一个短链系统。
（10）Open API 接口设计。
（11）如何实现一个分布式锁，Redis、ZooKeeper 两种方案的区别？
（12）如何设计无界实时数据流的 Join。

问题可能是抽象的、模糊的，求职者需要在和面试官沟通的过程中确定细节，明确具体业务场景，梳理出问题的关键点、挑战点和面试官的意图，然后重点回答，不要自说自话。

第 4 章

一个项目案例分析：合约广告库存预估

本章展示一个向面试官讲述项目的模版。大多数情况下，面试官不熟悉求职者的工作领域与内容，因此用清晰的结构与简洁的语言向面试官展示你的项目尤为重要。为了能在最短的时间内让面试官感受到项目的挑战、你发挥的重要作用以及取得的成果，建议采用下面方式讲述项目：

- 项目背景。
- 系统领域划分与自己所在的位置。
- 在成熟业务中发现问题，甚至是自己定义了一个问题。
- 要落地执行，项目的挑战点是什么，是怎么解决的？
- 取得可量化的正向结果。
- 未来的改进，进一步的工作。

整个项目的描述要体现自己作为技术负责人的角色，在熟悉的业务流程中发现了问题，甚至定义了问题，落地执行取得了正向可量化的结果，以及未来待改进点；对项目上下游细节特别清楚，能串起来清晰讲述一次核心请求的全流程，体现业务关键点、数据核心点、资源集中投入点，对项目有自己完整性质的框架理解，并且能让面试官认同。在成熟业务中发现问题，甚至是定义一个问题是面试官判断求职者是否具有发展潜力的关键，求职者可以格外突出这一点。

4.1 项目背景

为了完成广告主要求的曝光量，平台在售卖广告前需要提前知道有多少流量库存，比如明天杭州地区的男性用户有多少请求曝光量。预估未来某个定向条件下的曝光量就叫作库存预估。由于库存预估计算方法、工程架构存在缺陷，随着业务的发展，库存预估响应时间由秒级变为分钟级别。

4.2 系统领域划分与自己所在的位置

广告系统可以划分为四个领域：广告投放平台、大数据应用与开发平台、实时竞价引擎、算法与算法工程。

- 广告投放平台主要用于配置广告，设置投放量、定向条件等。
- 数据团队清洗数据为算法训练模型提供输入。
- 实时竞价引擎从内部的广告投放平台与外部广告投放平台（DSP）获取广告，调用算法服务获得排序结果，期望获得最稳定且最大的广告曝光收益。

自己所在的位置就是算法工程，主要工作是库存流量预估与精排服务。

4.3 发现或者定义一个问题

笔者在算法工程中负责多个核心业务（库存预估、精排服务等），以库存预估为例：广告系统中存在很多不同投放条件的广告单，这些定向条件可能互相交叉重叠，一次库存预估可能需要计算几万次不同定向条件的流量库存才能得到结果，目前主要使用 ElasticSearch 完成库存预估的计算（主要是 select count from t where condition），ElasticSearch 底层利用 bitmap 完成上述计算，但 bitmap 存储在段文件中，同时随着广告单数量增多、定向条件越来越复杂，查询效率变低。于是最终决定自研一款完全基于内存、仅支持精准匹配、可水平与垂直扩展的库存预估专用搜索引擎。实现的关键点如下：

(1) 完全基于内存。

- 数据规模、实时性、精确性三者在大数据处理中不可兼得，这里我们抽样降低数据规模，将所有数据加载到内存。
- bitmap选型，roaring bitmap压缩方案，省空间、运算快。

(2) 垂直能力：极限压榨单机 CPU。

- 向量化。
- 多线程。

(3) 水平能力。

- 由于数据被抽样，每个节点都是全量数据，因此可以避免协调节点汇总数据。
- 原来单机计算扩展为集群查询，可水平扩展。
- 版本控制。

(4) 预计算，空间换时间。根据半个月的查询记录提前计算。

(5) cache。数据不可变，业务层可以缓存半小时计算结果。

(6) 算法层。当搜索引擎的计算能力提高后，我们尝试对原有库存预估算法进行改进，以计算能力换取更大的库存预估量。库存预估与分配的方法来自 P Chen 等人的论文 *Ad Serving Using a Compact Allocation Plan*，我们在此基础上提出《一种预估广告最大剩余库存的方法》，并撰写了专利，该方法是在库存预估服务计算能力提高的基础上，使用更加复杂的计算流程预估出最大的剩余库存，提高了 $x\%$ 的每日可售库存，每天可增加 x 万元的收益。

以上 6 点均可以根据面试官喜好展开描述，这里不再赘述。

4.4 可量化的正向结果

(1) 开发了一款专用于库存预估的搜索引擎，并且完全基于内存，可水平与垂直扩展，特定场景下具有以下特点：

- 精确匹配。
- 数据稀疏。

- 数据不可变，周期性写入（水平拆分、缓存）。
- 执行时间优于 ElasticSearch **倍，库存预估从分钟级别提升到秒级。

（2）提高了计算能力，允许使用更加复杂的库存预估方法，提高了 $x\%$ 每日可售库存，每天可增加 x 万元的收益，并撰写了专利。

4.5 未来改进点

未来改进点主要有以下两点：

（1）监控、报警。

（2）库存查询日志流程可视化。

库存查询计算流程十分复杂，基于日志进行问题分析，一次查询的日志量巨多，爆屏日志如图 4-1 所示，在此情况下分析定位问题困难。

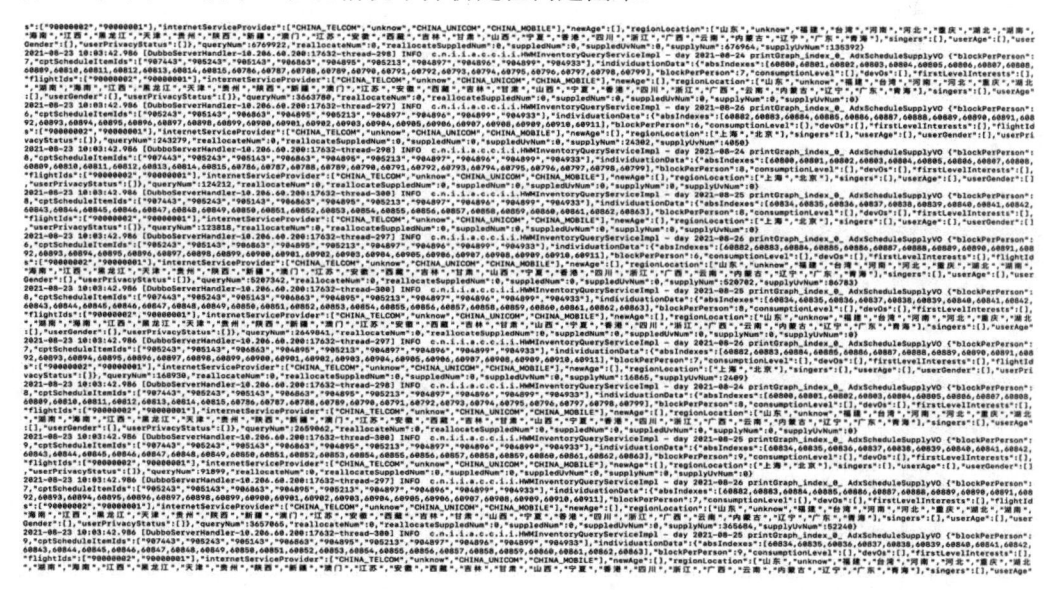

图 4-1 库存查询爆屏日志

库存查询核心步骤如下：

步骤 01 生成需求节点。

步骤 02 根据需求节点生成最小互斥集作为供应节点。
步骤 03 利用需求-供给节点生成二分图。
步骤 04 计算供给节点流量。
步骤 05 计算查询节点的最大流量。
步骤 06 二分搜索查询节点的最大流量。

一次库存预估可以保留每一步骤的日志快照，并且前端可视化，方便问题的排查分析。

第 5 章

一个完整的后端系统

以笔者在网易的工作内容云音乐-游戏中心为例，展开描述一个"麻雀虽小，五脏俱全"的系统，主要目的是向读者展示搭建一个完整的后端工程通常会使用到的中间件有哪些，在后续的工作中也可以有针对性地进行学习，让自己拥有全局视角。一个完整的后端系统分为接入层、业务层和数据存储层，如图 5-1 所示。

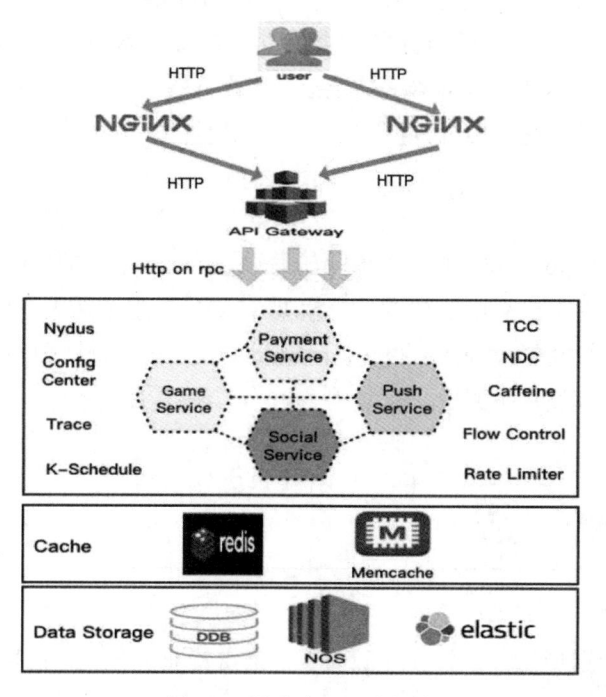

图 5-1 游戏中心后端架构

5.1 接入层（Nginx 与网关）

1. Nginx

当客户端发起一个 HTTP 请求后，该请求会先到达 HTTP DNS（防劫持），之后再落到两个机房的 Nginx 上。这里有一个静态资源缓存模块，叫作 Nginx cache。它能够减少后端服务器的压力，并且在后端服务故障时还能对已缓存的请求返回正确的数据。

2. 网关（API Gateway）

请求到网关层，网关将 HTTP 请求转换为一个更高效的基于长连接的 RPC 协议调用后端工程。这样做主要解决的痛点是由于 API 数量众多且命名不规范，Nginx 路由配置匹配规则极其复杂，因此加入的新接口在修改路由规则时稍有不慎将导致其他应用接口不可访问（现在是应用启动时自动上报服务路由信息至 ZooKeeper，获取映射关系）。同时 Gateway 支持客户端的批量 API 调用（把多个 HTTP 请求包装成一个），比如当客户端加载游戏列表的时候，可能同时会调用多个 API 获取数据，如果每个 API 都调用一次 HTTP 接口建立客户端到服务器端的连接，那么可能会导致连接数过多、处理时间较长、不能及时释放等问题。此外，网关还有很多其他的基础能力。

3. BFF

即 Backend For Frontend（服务于前端的后端），由于不同端（Web、iOS、Android）在版本迭代过程中对渲染页面需要的数据模型（VO）产生了巨大差异，为了能力复用，后端仅提供 RPC 原子服务，前端直接基于 GraphQL 按需查询、剪裁数据，实现取数逻辑和展示逻辑的可沉淀、可组合、可复用。

5.2 业 务 层

根据业务场景选择自有或外部开源的组件来支持业务开发，业务层处理具体的业务逻辑：

（1）定时任务触发的业务使用分布式Job，很多开源的组件支持配置管理可视化、异常报警。在执行策略上支持At Most Once和At Least Once；在任务分类上支持所有服务器均执行或者仅有一台服务器执行；在执行方式上支持单机或者分片执行等，同时可以避免任务的重复执行，以及故障转移。业界成熟的产品有网易的K-Schedule、当当的elastic-job、大众点评网的xxl-job、阿里巴巴的TBSchedule等。

（2）柔性事务、重试机制使用TCC，重试+幂等常用于分布式事务以及异步解耦。

（3）基于ZooKeeper实现的配置中心常用于动态配置。

（4）限流降级，对于达到系统容量上限的请求限流、熔断、降级。当基于Redis实现的分布式限流异常时自动降级为本地限流，RateLimiter实现了令牌桶算法且支持预消费的本地限流。业界也有很多相关产品。

（5）微服务的治理依赖自有的脚手架，Service Mesh将业务逻辑与基础设施分离，提高了研发的专注度与工作效率。

（6）消息队列用于异步解耦、削峰填谷、数据传输。每家公司会在Kafka或者RocketMQ的基础上进行一定的封装，图5-1中的Nydus即是RocketMQ的升级版。

（7）由于Redis具有丰富的数据结构、失效策略、可分布式集群部署，因此被广泛应用到业务中。

（8）DTS主要用于MySQL binlog数据订阅、数据迁移，也可用于业务异步解耦、缓存更新，比如使用游戏积分抢购奖品的业务场景，库存的实时展示可以使用DTS订阅DB binlog，将库存实时更新写入Redis供业务方读取。业界成熟的产品有阿里巴巴的DTS、网易的NDC。

（9）Trace全链路日志，可以根据ID搜索从网关入口处到请求处理结束所经历的所有服务调用日志，可用于问题排查定位。

5.3　数据层（DB→分布式缓存→本地内存）

（1）结构化数据存储在分布式数据库（Distributed Data Base，DDB）中，非结构化数据如图片、视频等一般进行对象存储，并可根据需要进行CDN（Content Delivery Network，内容分发网络），将数据分发至距离用户最近的地方，保证用户的访问速度。成熟的对象存储产品有网易的NOS、FaceBook的Haystack等。

（2）不要求数据强一致的业务场景，可以使用 DAO 层缓存框架，保证数据库的高可用。

（3）根据业务场景和数据特征使用 Caffeine 进行本地内存的管理，进一步提高系统的响应速度。

（4） ElasticSearch 存储游戏名称、描述、详情等信息，为 C 端用户提供搜索服务。利用 DTS 订阅数据库表 binlog 实时将游戏信息的变更同步写入 ElasticSearch，保证搜索立即可见。

（5）选用 Clickhouse 对用户行为、游戏偏好等海量数据实时进行分析处理。

第 6 章

HR 面试技巧——头部大厂 HR 访谈

　　HR 面试一定会问的问题：你的优点与缺点有哪些？你跳槽的原因是什么？过往工作取得的哪些成果？过往工作遇到的困难你是怎么解决的？你的职业规划是什么？薪酬期望是多少？你还有什么想问我的吗？这些问题本章都会谈到，除此之外，本章还介绍了求职者极可能感兴趣的坊间秘密：面试的全流程到底是怎样的？找谁帮我们内推更容易通过面试？多久跳槽一次算作频繁？"毕业季"跳槽应选择什么样的公司？招聘系统是否限制同一个人短时间内频繁多次面试不同的招聘岗位？有哪些谈薪技巧？行业职级对标与薪酬水平？

6.1　面试的全流程——不要以为通过技术&HR 面试就能拿 Offer

　　面试一般分为四个阶段：

　　第一阶段为技术面试阶段，该阶段有 3 到 4 轮，主要考察八股文、算法题、设计题、项目等，如果是外企可能还包含口语面试。

　　第二阶段为 HR 面试阶段，关注求职者的入职意愿、沟通能力、团队协作等。国内不同互联网大厂的 HR 面试有很大的区别，有的具有一票否决权（阿里巴巴），有的只是记录谈话的关键信息，不对求职者的个人能力和价值做过多判断（字节跳动），HR 面试高频问题如下：

- 职业规划是什么？
- 为什么要跳槽？
- 你的优点和缺点有哪些？
- 过往工作中遇到的困难你是怎么解决的？
- 过往工作中取得了哪些成果？详细说说。
- 你的薪酬预期是多少？

第三阶段为 Offer 审批阶段，HR 将求职者的面试评价提交给不同的人进行审批，根据求职者的面试评价、未来成长潜力来与其他人进行横向与纵向对比，此刻，关键人物依然对求职者具有一票否决权。

第四阶段为谈薪阶段，提交过去六个月或一年工资流水，根据求职者的过往绩效、面试评价、背景履历、竞品 Offer 等综合计算出一个合理的薪酬涨幅，然后向薪酬委员会推荐求职者薪酬，并同步到求职者的最终结果中。

6.2 跳槽时找谁内推更容易通过面试

内推有以下 4 种途径：

（1）团队负责人，团队负责人在脉脉上发布的招聘需求一定是有真实 HC（Human Capital，即公司预计招聘员工的一个数量计划）的，可能招聘还比较紧急，面试流程也比较快。如果团队负责人是高 P（阿里巴巴 P8 及以上），则可能对求职者的面试结果有着微妙的影响。

（2）找同学内推，可以了解团队情况、面试进度与结果反馈，甚至可以向你透露你的面试评价。一旦获知了面试评价，则对后续的谈薪将帮助极大，但是一般公司不允许将面试评价反馈给求职者。

（3）HR，HR 发布的招聘需求有可能是伪需求，刷关键绩效指标（KPI）用的，向 HR 提问一般得到的均是官方回答。也有少数 HR 除外。

（4）猎头，优秀且专业的猎头是很不错的，他（她）可以帮你谈薪、帮你保密简历内容、不乱投简历，但你往往很难判断猎头的专业性。

6.3 谈薪技巧

合理薪酬一般由以下因素决定：

（1）面试评价、决定职级、决定薪水。
（2）历史绩效与当前薪水，薪酬一般在当前基础上上涨 30%～50%。
（3）极具竞争力的竞品 Offer。
（4）教育背景与工作履历与当前职位的匹配度。
（5）面试流程里其他求职者与你横向与纵向的对比。
（6）团队人力成本总预算。
（7）……

笔者理解谈薪的过程本质就是消除信息差的过程。HR 在面试期间会向求职者了解以上信息，但是求职者对上述信息基本都是无感知的（除了第 2 和第 3 点），求职者和 HR 之间存在着大量的信息差，因此 HR 有条件把涨幅 40% 的 Offer 试探性地调整到 30% 来观察求职者的反应。

求职者应尽可能地通过与 HR 的沟通、内推人的反馈来获取自己的真实面试评价，面试评价的关键字信息透露出你的定级，比如 "可以承担中等复杂度项目负责人的角色" 可能就是阿里巴巴的 P7 或者字节跳动的 2-2 的职级，职级又决定了薪酬区间。做到心中有数才更容易坚守合理的底线。可以的话，谈薪前拿到竞品 Offer 以增加谈判筹码。

6.4 反问环节——怎么提问能加分

无论面试字节跳动、腾讯还是阿里巴巴，面试的最后一定有反问环节——你还有什么想问的吗？提出让面试官印象深刻的问题是一个加分项，提问题的原则是：问题的提出必须符合自身的行为逻辑，符合自身定位。建议提问职业发展与个人成长规划、热点技术、目标岗位相关的业务问题等。

6.5 你的职业规划

HR 希望看到：

- 你有清晰的职业规划，知道自己想要什么并坚持着。
- 当前的机会是你深思熟虑后的选择。
- 个人的成长和团队的发展是契合的。
- 对自己的成长是有要求的。

6.6 为什么要跳槽

个人的差异性太大，但这个问题是求职者在面试前需要思考的。

- HR 的考量：处理问题的角度和方式，以及稳定性。
- HR 推敲你的答案：说辞、动作要逻辑闭环，尊重客观事实。

6.7 你的优点和缺点

笔者最开始特别讨厌回答这类问题，但是几乎每一次 HR 面试都被要求回答。

至今，笔者都还没有明白 HR 的意图是什么，但显然他（她）不需要我对自己优点和缺点的自吹，所以每次到这里笔者都比较规矩。

当笔者谈到缺点的时候，会说出笔者和 HR 都认可的一条，比如毕业后记忆力变差了，会将重要且有截止日期的事情记录在书签里。

当笔者谈到优点的时候，会讲述一件具体的事来进行展现。

6.8 过往工作中取得的成果

这是 HR 面试中的高频问题，一般来说，详细讲述一个项目的细节可以体现项目的真实性。

6.9 过往工作中遇到的困难是怎么解决的

一种好的回答方式能反映你的成长与未来的潜力。笔者在面试中是这样回答的：
我通过校园招聘加入网易云音乐，已经工作四年了，我的困难分两个阶段：

第一阶段是：刚入职阶段，入职时公司处于大发展阶段，人力不足，新人也要承担大型重要项目，我对新的环境、技术基础设施、工作流程等不熟悉，作为新人如何快速融入团队、完成产品运营交付的需求、按时高质量上线，对我来说是一种挑战。

第二阶段是：工作熟练以后，自己负责一块成熟的业务，增长上出现瓶颈，怎么在熟悉的业务里发现问题，甚至定义问题，以技术驱动业务的发展，落地执行取得正向可量化的业务指标，对我来说是一件极具挑战的事。

6.10 行业薪酬水平

在脉脉上搜索职级薪酬，可查询不同公司不同职级的薪酬水平，包括平均值与范围分布，是相对客观的。每家公司相同职级下薪酬差距可能巨大，不建议求职者以自身当前的薪酬水平去衡量行业薪酬水平。

1. 互联网大厂薪酬与职级对标

各大厂薪酬与职级对标如图 6-1 所示。

2. 互联网大厂薪酬详情

1）网易

校园招聘应届同学一般定级为 P3（3-1），网易职级划分得比较细，每个层级会区分为 XX_1,XX_2,XX_3。通常 2~3 年内可晋升至 3-2 或者 3-3，4~5 年内可晋升至 4-1 或者 4-2。4-2 职级对标阿里巴巴的 P7，是职业生涯重要的分水岭，对员工的要求是能够承担中等复杂度项目负责人的角色。一般从 4-1 职级开始，员工可能拥有少许期权。网易不同职级薪酬分布详情如图 6-2 所示。

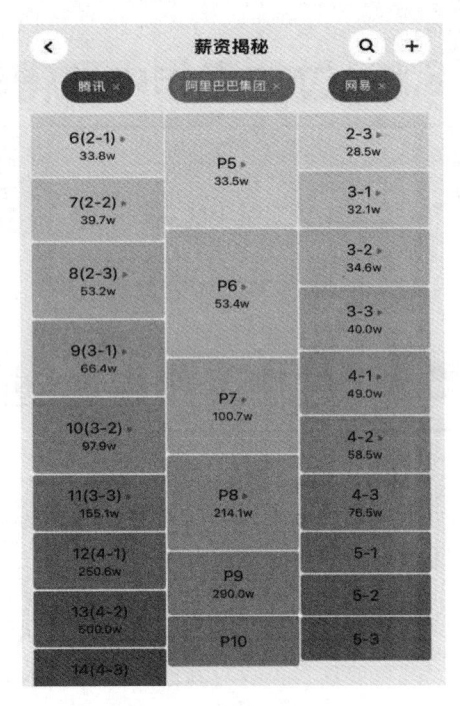

图 6-1 互联网大厂薪酬与职级对标

图 6-2 网易不同职级薪酬分布

图 6-2　网易不同职级薪酬分布（续）

2）阿里巴巴

校园招聘应届同学一般定级为 P5，通常两年内可升职 P6，P7 是职业生涯重要的分水岭，较为优秀的同学 4~5 年内可升职到 P7，P7 对员工的要求是对自己所从事的职业具备一定的前瞻性，能在自己的工作领域内发现问题，甚至独立定义问题，并提出解决方案，推动方案的落地执行，取得结果。核心部门（淘宝、天猫、阿里云等）在互联网大厂中具有较强的薪酬竞争力和职级认可度。阿里巴巴不同职级薪酬分布详情如图 6-3 所示。

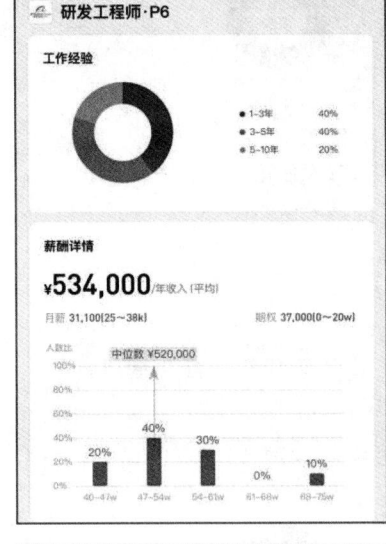

图 6-3　阿里巴巴不同职级薪酬分布

3）腾讯

校园招聘应届同学一般定级为 6 级，10 级以下的晋升速度都很快，9 级以下基本上不到一年就可以晋升一次，9、10 级是关键节点。腾讯下属 6 个事业群：CDG-企业发展事业群、CSIG-云与智慧产业事业群、IEG-互动娱乐事业群、PCG-平台与内容事业群、TEG-技术工程事业群和 WXG-微信事业群，内部不同事业群之间薪资、股票差距很大。腾讯不同职级薪酬分布如图 6-4 所示。

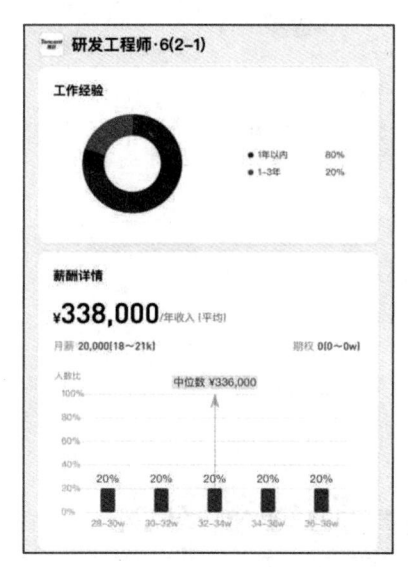

图 6-4 腾讯不同职级薪酬分布

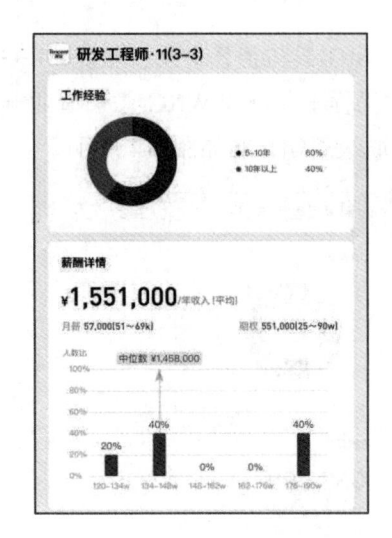

图 6-4 腾讯不同职级薪酬分布（续）

6.11　没有做出算法题是否一定会被淘汰

面试官不会只因为算法题没有做出来就淘汰求职者，一定还有其他方面的原因。在真实的经历中，如果基础扎实，设计题、项目回答得都很好，那么求职者完全有机会通过面试。至少没有硬性规定说算法题目没有做出来就不能通过面试。

6.12　能不能短时间内频繁面试同一家公司

可以，前提是求职者过往的面试中留下了不错的面试评价，不能在第一、二轮面试中有被淘汰记录，短时间内前面的面试官给出的结论很难被后面的面试官推翻。

6.13 "毕业季"应选择什么样的公司

在国内互联网整体不景气的情况下，跳槽就像一只青蛙在不同的荷叶上跳来跳去，怎么保证不落水呢？当然选择业务发展迅速、增长超预期的公司，比如字节跳动的抖音电商、TikTok 等；或者其他大厂核心业务，比如阿里巴巴的阿里妈妈。

6.14 国内互联网面试为什么要刷题

算法在日常工作中并不会用到，但可以筛选出这样的两类人：

- 特别聪明的，即使没有刷过题，也能在面试官提示下很快给出答案。
- 特别勤奋的，刷题无数，对于每道题的每种解法都对答如流。

上述两种人都是公司的目标人才，而要筛选人才，算法是一个有效的工具。

6.15 薪酬报高了会不会被 HR 直接淘汰

HR 一般都嘴硬心软，流程里面试的人很多，但寻找到一位合适的求职者也是费时费力的，作为 HR 非常乐见求职者成功入职。对于一个真正有招聘需求的岗位来说，只要你足够优秀，HR 就不会因为薪酬期望过高而直接淘汰你，但是可能在与流程里的其他人横向与纵向对比、面评不佳以及其他因素的情况下结束你的面试流程。重要的是在你提出薪酬期望后，可以补充一句"根据你们的评价标准，你认为合理的薪酬涨幅是多少？"，表现出一种薪酬是可以谈判的态度，这样即使 HR 无法满足你的预期，依然会给你反馈合理的薪酬方案，是否接受 Offer 由你来决定。

6.16 几年一跳算频繁

就普通人而言，五年之内跳槽两次是合理的。

还有一些其他情况：

（1）虽然频繁跳槽，但是在每家公司都取得很好的结果（晋升、涨薪、绩效），因此 HR 是可以接受的。但这也是悖论，因为没有时间的积累，获得一些结果是很困难的。

（2）在你的职业生涯中可能有一些和你关系密切的大拿刚跳槽到独角兽企业，他需要组建新的团队，你顺势补位，那么频繁的跳槽经历就不那么重要了。

6.17 你是如何学习技术的

1. 第一阶段，通过视频进行初步学习

通过视频进行倍速学习，两天就可以粗识一门课程。这一阶段不需要深入理解，学习的目的是对内容有一个初步的认识。

2. 第二阶段，通过看书系统地学习

有了第一阶段的铺垫，了解了需要学习的核心内容，有了重点感知，就可以通过书本系统地学习它们的原理。本阶段用于消除自己大部分的疑问。

3. 第三阶段，搜索博客，深入学习某一个领域

书本学习往往无法很好地掌握难点，针对难点可以搜索博客等，网络上有大量的图文解释以及讨论，可以帮助自己理解消化。

4. 第四阶段，用所学知识做出一个项目或者Demo

对学习的内容进行实际应用，加强自己的理解。当时笔者结合自己的毕业论文做了一个电影推荐系统，前、后端都用笔者自己设计完成，并且部署在阿里云上，为用户提供服务。完成这个小项目，整体感觉自己"有点厉害了"。

5. 第五阶段，刷算法题目、刷面试经验

刷别人的面试经验分享，可以对自己的知识点进行查漏补缺，同时了解面试的高频题目，这一阶段是为面试做准备的。

6. 第六阶段，面试

面试是对自己学习成果的检验，一场场面试下来可以不断给你正负反馈，让一个具有 70 分水平的人快速成长到 80 分甚至 90 分。你会有很高的积极性去补充学习面试官提出的、你自己不会甚至没听说过的问题。

6.18 思维发散题目

思维发散题目可能存在于技术面试或者 HR 面试中，但国内互联网大厂出现这类问题的概率较小，而且问题一般比较老套，比如：

（1）一个 5L 和一个 6L 的瓶子，怎么得到 3L 的水？

（2）赛马问题，有 25 匹马和 5 条跑道，要找出最快的 3 匹马，需要跑几次？

（3）烧一根不均匀的绳，从头烧到尾总共需要一个小时，给你若干材质相同的绳子，怎么通过烧绳子的方法来计时一个小时十五分钟？

（4）砝码称轻重，假设有 280g 食盐，有一架天平和两个砝码，两个砝码分别是 14g 和 4g，请问能否在 3 次内将 280g 食盐分为 100g 和 180g 两堆。

（5）药瓶毒白鼠，有 1000 个一模一样的瓶子，其中有 999 瓶是普通的水，有 1 瓶是毒药，任何喝下毒药的生命都会在一星期之后死亡。现在你只有 10 只小白鼠和 1 个星期的时间，如何检验出哪个瓶子有毒药？

（6）高楼扔鸡蛋，鸡蛋从 100 层楼上往下扔，以此来测试鸡蛋的硬度。比如鸡蛋在第 n 层没有摔碎，在第 $n+1$ 层摔碎了，那么鸡蛋不会摔碎的临界点就是 n 层。问：如何用最少的尝试次数，测试出鸡蛋不会摔碎的临界点？

（7）在 9 个点上画 10 条线，要求每条直线上至少有 3 个点。

（8）一天 24 小时中，时针、分针、秒针完全重合在一起的时候有几次？分别是什么时间？

……

参考文献

[1] Seth Gilbert, Nancy Lynch. Brewer's Conjecture and the Feasibility of Consistent, Available, Partition-Tolerant Web Services[J]. ACM SIGACT News, 2002

[2] Dan Pritchett, Ebay. BASE：An Acid Alternative[J]. 2008

[3] Benjamin Manes. Design Of A Modern Cache [EB/OL]. http://highscalability.com/blog/2016/1/25/design-of-a-modern-cache.html, 2016

[4] Gil Einziger, Roy Friedman, Benjamin Manes. TinyLFU：A Highly Efficient Cache Admission Policy[J]. 2015

[5] Einziger G, Eytan O, Friedman R, et al. Adaptive Software Cache Management[C] // the 19th International Middleware Conference. 2018

[6] Gil Einziger, Ohad Eytan, Roy Friedman, et al. Lightweight Robust Size Aware Cache Management. ACM Transactions on Storage, 2021

[7] Dragoni Nicola, Giallorenzo Saverio, Lafuente A L, et al. Microservices: yesterday,today and tomorrow[M]. Present and Ulterior Software Engineering, 2017

[8] Lewis J, Fowler M. Microservices: a definition of this new architectural term[EB/OL]. https://martinfowler.com/articles/microservices.html, 2014

[9] 文彬, 子维. 领域驱动设计在互联网业务开发中的实践[EB/OL]. https://tech.meituan.com/2017/12/22/ddd-in-practice.html, 2017

[10] P Chen, W Ma, S Mandalapu, et al. Ad Serving Using a Compact Allocation Plan[J]. ACM conference on Electronic commerce, 2012